搭地鐵
玩遍香港

香港島
1. 太平山頂
2. 荷李活道／文武廟／上環／中環／孫中山紀念館／西港城／SoHo區／蘭桂坊／皇后像廣場
3. 金紫荊廣場
4. 跑馬地馬場／香港賽馬博物館
5. 淺水灣
6. 赤柱市集／美利樓
7. 香港海洋公園

九龍
9. 廟街夜市／玉器市場
10. 女人街／雀鳥公園／花墟／金魚街
11. 星光大道
12. 前九廣鐵路鐘樓／香港文化中心／香港太空館／香港藝術館
13. 香港歷史博物館／香港科學館
14. 嗇色園黃大仙祠
15. 鴨寮街
16. 鯉魚門

新界及離島
17. 天壇大佛／寶蓮禪寺／心經簡林／昂坪市集
18. 大澳漁村
19. 長洲
20. 南丫島
21. 青衣
22. 香港文化博物館／車公廟
23. 屏山文化徑
24. 香港濕地公園／米埔濕地
25. 三棟屋博物館
26. 青馬大橋
27. 香港迪士尼樂園
28. 西貢市中心
29. 香港國際機場
30. 慈山寺

世界主題之旅 62

搭地鐵玩遍香港

新第五版

作　　　者	三木
攝　　　影	三木
總 編 輯	張芳玲
發 想 企 劃	taiya旅遊研究室
編輯部主任	張焙宜
企 劃 編 輯	張焙宜
主 責 編 輯	張焙宜
特 約 編 輯	陳妤甄
修 訂 主 編	黃 琦
封 面 設 計	許志忠
美 術 設 計	陳淑瑩(內頁、地圖)
修 訂 美 編	林惠群

國家圖書館出版品預行編目資料

搭地鐵玩遍香港 / 三木作. -- 五版. -- 臺北市：太雅出版有限公司, 2025.03
面；　公分. -- (世界主題之旅 ; 62)
ISBN 978-986-336-554-9(平裝)

1.CST: 火車旅行 2.CST: 地下鐵路 3.CST: 香港特別行政區
673.869　　　　　　　　　　　　113020411

太雅出版社
TEL：(02)2368-7911　FAX：(02)2368-1531
E-mail：taiya@morningstar.com.tw
太雅網址：http://taiya.morningstar.com.tw
購書網址：http://www.morningstar.com.tw
讀者專線：(02)2367-2044、(02)2367-2047

出 　版 　者	太雅出版有限公司
	106020台北市大安區辛亥路一段30號9樓
	行政院新聞局局版台業字第五○○四號

讀者服務專線：TEL：(02)2367-2044／(04)2359-5819#230
讀者傳真專線：FAX：(02)2363-5741／(04)2359-5493
讀者專用信箱：service@morningstar.com.tw
網路書店：http://www.morningstar.com.tw
郵政劃撥：15060393(知己圖書股份有限公司)

法 律 顧 問　陳思成律師

印　　　刷	上好印刷股份有限公司　TEL：(04)2315-0280
裝　　　訂	大和精緻製訂股份有限公司　TEL：(04)2311-0221

五　　　版	西元2025年3月10日
定　　　價	470元

(本書如有破損或缺頁，退換書請寄至：台中市西屯區工業30路1號　太雅出版倉儲部收)

ISBN 978-986-336-554-9
Published by TAIYA Publishing Co., Ltd.
Printed in Taiwan

填線上回函
搭地鐵玩遍香港
(新第五版)

reurl.cc/eG2vAW

5

(圖片提供／香港海洋公園)

作者序

堅持為香港做一件事,期待來港的大家,都可以有美好而難忘的回憶!

　　我是土生土長的港仔,和很多香港人一樣,平日身處工作的疲累之中,假日空閒時會想去國外走走,記得我第一次出國就是去台北,隨著旅遊書上的介紹,展開4天3夜的小旅行,但是一趟行程走下來,感覺和書中所說的落差很大,心裡就在想:「台灣人所認識的香港,是否也不夠真實呢?」因此在過去的時間裡,我以在地人的角度,走遍香港的大街小巷,發掘各種美食和景點,將資訊放在粉絲團和大家分享,希望將最即時、最道地的香港動態,原汁原味的介紹給各位;隨著和網友的交流互動,也更加深了我對香港的熱愛,並且透過介紹香港,和世界各地的讀者成為朋友,使我的人生不再一成不變,而介紹香港也成為和我密不可分的重要使命。

關於作者

三木

　　何新傑,網路上大家叫他三木(San),1986年生,是一個土生土長的香港仔,在香港生活了30多年。喜歡往外跑,經常會將「太陽不等人」掛在嘴邊,一有空就會帶著相機四處探索,就算早已走遍了香港的大街小巷,一訪再訪也樂此不疲,對自己的故鄉香港,有著無比的熱愛,決心要將香港推薦給更多人認識;從2009年開始寫網誌,於同年成立已有9萬多粉絲的Facebook粉絲專頁「香港旅遊背包客」,為網友解答香港旅遊上出現的疑難問題,替大家蒐羅香港最新的旅遊資訊,並以在地人的身分,向大家介紹最原汁原味的香港,堅持每天都要更新專頁資訊,即使是在非常忙碌的時候,也不希望讓讀者和香港的現場連線有所間斷,著有《搭地鐵玩遍香港》(太雅出版社)旅遊書。

Facebook 粉絲專頁:www.facebook.com/HKbackpacker
個人網站:hk-backpacker.blogspot.tw
或搜尋「香港旅遊背包客:HONG KONG TRAVEL BACKPACKER」

　　藉由《搭地鐵玩遍香港》這本書，讓我有一個將多年經驗集結成冊的管道，懷抱著感恩的心，全心投入製作過程；香港好吃好玩的地方實在很多，但書本篇幅有限，只能選取最精要的部分，務求提供給讀者不落人後的資訊，書中所有的景點餐廳我都堅持多次拜訪，所寫的每一個字都是發自內心最真實的感受，為此體重還增加了好幾公斤，可見香港美食有多好吃啊！最後要感謝我的家人，以及很多在人生旅途上給予我機會的人，還有一些雖然沒有見過面，但一直默默關注和支持我的朋友，多謝各位長久以來的愛護，期望有機會與您在書中介紹的景點相遇，一起遊遍香港，希望《搭地鐵玩遍香港》能帶給大家愉快的香港之旅！

三木

圖片提供／香港海洋公園

HongKong

7

目錄

- 6 作者序
- 10 如何使用本書
- 11 編輯室提醒
- 12 香港旅遊黃頁簿
- 204 推薦旅館住宿

22 香港7大印象

- 24 印象1：購物天堂，荷包必失血
- 26 印象2：豐富美食，減肥放一邊
- 30 印象3：電影之都，世界大舞台
- 31 印象4：懷舊人情，歲月留痕跡
- 32 印象5：多元文化，中西齊融合
- 33 印象6：醉人夜景，精采夜生活
- 34 印象7：打卡熱點，網紅必征服

46 地鐵荃灣線

- 46 尖沙咀站
- 60 佐敦站
- 66 油麻地站
- 74 旺角站
- 80 太子站
- 88 深水埗站
- 100 葵芳站

36 香港地鐵快易通

- 36 地鐵發展史
- 37 地鐵購票通
- 38 購買地鐵票
- 39 搭乘地鐵小撇步
- 40 香港旅遊行程規畫

104 地鐵港島線

- 104 香港大學站、西營盤站
- 108 上環站
- 116 中環站
- 134 灣仔站
- 144 銅鑼灣站
- 162 北角站

168 地鐵東涌線

168 東涌站

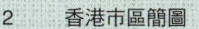
圖片提供／香港迪士尼

176 充滿特色的專題介紹

176 嗇色園黃大仙祠、慈山寺
178 海洋公園
182 香港迪士尼樂園

190 獨具魅力的精采順遊

192 西貢
196 南丫島
200 長洲

全書地圖目錄

2	香港市區簡圖
4	香港簡圖
43	香港地鐵圖
47	尖沙咀站周邊街道圖
57	九龍站周邊街道圖
61	佐敦站周邊街道圖
67	油麻地站周邊街道圖
75	旺角站周邊街道圖
81	太子站周邊街道圖
89	深水埗站周邊街道圖
101	葵芳站周邊街道圖
105	香港大學站、西營盤站周邊街道圖
109	上環站周邊街道圖
117	中環站周邊街道圖
130	太平山站周邊街道圖
135	灣仔站周邊街道圖
145	銅鑼灣站周邊街道圖
154	大坑美食區周邊街道圖
158	赤柱周邊街道圖
163	北角站周邊街道圖
169	東涌站周邊街道圖
174	大澳周邊街道圖
192	西貢周邊街道圖
197	南丫島周邊街道圖
200	長洲周邊街道圖

9

如何使用本書

本書希望讓讀者能在行前充分的準備，了解當地的生活文化、基本資訊，以及自行規畫旅遊行程，從賞美景、嘗美食、買特產，還能住得舒適，擁有一趟最深度、最優質、最精采的自助旅行。書中規畫簡介如下：

地圖資訊符號

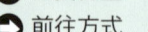

$ 金額	http 網址	旅館飯店
地址	@ 電子信箱	購物商店
電話	FAX 傳真	餐廳美食
時間	休 休息時間	觀光景點
MAP 地圖位置	i 資訊	休閒娛樂
前往方式	注意事項	A 地鐵站出口

▶ **旅遊基本資訊**
從簽證、貨幣匯率、氣候等，以及當地的機場交通、市區交通、營業時間、物價、小費、緊急電話等資訊一應俱全。

住宿情報 ▶
針對香港各地，介紹不同等級的住宿好所在，滿足不同的住宿需求。

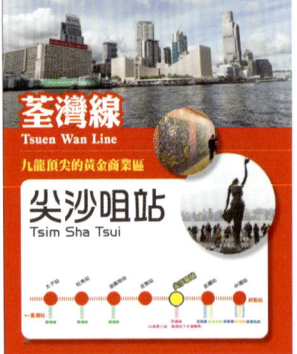

▶ **地鐵站周邊街道圖**
將該站景點、購物、美食的地點位置全都標示在地圖上。

香港達人3大推薦 ▶
從遊客必訪、作者最愛、在地人首推3個角度，推選出必遊必玩之處。

臺灣太雅出版
編輯室提醒

太雅旅遊書提供地圖讓旅行更便利

地圖採兩種形式：紙本地圖或電子地圖，若是提供紙本地圖，會直接繪製在書上，並無另附電子地圖；若採用電子地圖，則將書中介紹的景點、店家、餐廳、飯店，標示於Google Map，並提供地圖QR code供讀者快速掃描、確認位置，還可結合手機上路線規畫、導航功能，安心前往目的地。

提醒您，若使用本書提供的電子地圖，出發前請先下載成離線地圖，或事先印出，避免旅途中發生網路不穩定或無網路狀態。

出發前，請記得利用書上提供的通訊方式再一次確認

每一個城市都是有生命的，會隨著時間不斷成長，「改變」於是成為不可避免的常態，雖然本書的作者與編輯已經盡力，讓書中呈現最新的資訊，但是，仍請讀者利用作者提供的通訊方式，再次確認相關訊息。因應流行性傳染病疫情，商家可能歇業或調整營業時間，出發前請先行確認。

資訊不代表對服務品質的背書

本書作者所提供的飯店、餐廳、商店等等資訊，是作者個人經歷或採訪獲得的資訊，本書作者盡力介紹有特色與價值的旅遊資訊，但是過去有讀者因為店家或機構服務態度不佳，而產生對作者的誤解。敝社申明，「服務」是一種「人為」，作者無法為所有服務生或任何機構的職員背書他們的品行，甚或是費用與服務內容也會隨時間調動，所以，因時因地因人，可能會與作者的體會不同，這也是旅行的特質。

新版與舊版

太雅旅遊書中銷售穩定的書籍，會不斷修訂再版，修訂時，還區隔紙本與網路資訊的特性，在知識性、消費性、實用性、體驗性做不同比例的調整，太雅編輯部會不斷更新我們的策略，並在此園地說明。您也可以追蹤太雅IG跟上我們改變的腳步。

taiya.travel.club

票價震盪現象

越受歡迎的觀光城市，參觀門票和交通票券的價格，越容易調漲，特別Covid-19疫情後全球通膨影響，若出現跟書中的價格有落差，請以平常心接受。

謝謝眾多讀者的來信

過去太雅旅遊書，透過非常多讀者的來信，得知更多的資訊，甚至幫忙修訂，非常感謝大家的熱心與愛好旅遊的熱情。歡迎讀者將所知道的變動訊息，善用我們的「線上回函」或直接寄到taiya@morningstar.com.tw，讓華文旅遊者在世界成為彼此的幫助。

太雅旅遊編輯部

香港旅遊黃頁簿

行前準備

■ 簽證

持有台灣護照(有效期限不得少於6個月)、符合資格的台灣居民,可使用以下幾種方式入境香港;另外,香港給予全球逾150個國家的合法國民,最短7日、最長90日的免簽證停留,包括新加坡、馬來西亞、日本及韓國等亞洲國家,可至「香港政府一站通」網站查詢相關資訊。

🌐 www.gov.hk

進入網頁,依序點入:
非本港居民→入境事務→一般簽證的要求→旅遊簽證和進入許可規例及申請

■ 網上預辦入境登記

符合資格的台灣居民,可在網上免費預辦入境登記,填寫的資料請以護照和實際情況為準,電腦系統會自動處理並即時顯示登記結果;若申請成功,須使用A4尺寸的白色空白紙張列印「台灣居民預辦入境登記通知書」,在該通知書上簽名即可生效。預辦入境登記的有效期為2個月,可用訪客身分入境香港2次,每次逗留最多30天。

請務必留意下列事項:
1. 在旅行結束回台灣前,護照有效期限不得少於6個月。
2. 通常台灣護照上沒有登載「別名」,此欄位空著即可,

若誤填導致和護照上資料不相符，將無法順利登機。

3. 「台灣居民預辦入境登記通知書」請務必要A4書面列印，並再次核對通知書上填寫的資料，若資料有誤，將有可能無法順利入境香港。

預辦入境登記網頁
🌐 www.gov.hk/par

■ 香港旅遊入境許可證（港簽）

申請者須持有台灣護照(有效期限不得少於6個月)，透過旅行社或特許航空公司代辦，可從香港入境事務處網頁下載申請表格(ID78D、ID78H)，將填妥的表格和其他輔助文件一併交給代辦單位；憑旅遊入境許可證赴港，可停留30天。

表格下載網頁
🌐 www.immd.gov.hk

進入網頁，依序點入：
香港入境事務處→表格→簽證→旅遊／過境

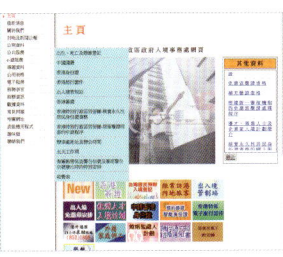

■ 台胞證

持有效的「台灣居民來往大陸通行證」(俗稱台胞證)的台灣居民，可以無需申請簽證，以訪客身分入境香港，最多可停留30天。

■ 換匯

機場的匯率較差，市區的銀行，若沒有該銀行的帳戶，很有可能要收取換匯服務費，建議出發前先在台灣的銀行兌換所需旅費；或是先換基本的交通餐飲費，到香港之後，再前往市區的兌換店換港幣。推薦大家可前往中環的「小女孩找換有限公司」，這裡的匯率相對較佳，但需注意營業時間，可上網查詢當天的匯率報價。

台灣銀行
🌐 www.bot.com.tw

小女孩找換有限公司
🌐 www.littlegirl.net
📍 中環德輔道中156號通用商業大廈地下A舖
📞 2915-4812，Wechat／Whatsapp：6715-9995
➡ 從港鐵上環站E1出口，右轉德輔道中前行，全程約1分鐘即可抵達
🗺 P.117／B1

▼香港市區常見的外匯兌換店

機場交通

「香港國際機場」（又稱赤鱲角機場），是香港唯一的民航機場，位於大嶼山赤鱲角，占地1,255公頃，設有2條跑道、2個客運大樓及164個停機位，是世界上最繁忙的空運樞紐，更多次被國際媒體評選為「全球最佳機場」。如果是搭乘機場快線的旅客，可使用機場快線提供的免費市區預辦登機服務，乘客可在登機前一天至航班起飛前的90分鐘內，前往港鐵九龍站或香港站內的櫃檯，預先辦理登機證及託運行李的手續；需要注意各航空公司的預辦登機服務時間，詳情可上港鐵網站也可致電航空公司查詢。

香港國際機場
🌐 www.hongkongairport.com

▼香港國際機場1號客運大樓

香港鐵路公司
🌐 www.mtr.com.hk
進入網頁，依序點入：
主頁→服務及設施→港鐵網絡→機場快綫→優惠與服務→免費市區預辦登機服務

13

飛行時間、入境香港

台北至香港的飛行時間約為1小時15分鐘，在入境香港時，須備妥有效護照、簽證或台胞證，並填寫「抵港申報表」；通常空服員會在飛機上發放申報表，亦可在入境檢查大廳索取，相關攜帶行李須知，可上香港特別行政區政府民航處網站查詢。

香港民航處
http www.cad.gov.hk

進入網頁，依序點入：
主頁→專題資料→乘客須知

往來機場

從機場往來市區，可選擇搭乘機場快線，往青衣、九龍、香港等站，再轉市區地鐵，車程約14～30分鐘、車費約HK$60～110；另有40條巴士路線往來香港各區(另有通宵巴士線)，車程約1小時30分鐘、車費約HK$20～50，若是搭的士(Taxi)從機場前往尖沙咀地區，車程約30分鐘、車費約HK$283。

▲來往市區的城巴機場快線

▲港鐵機場快線的車廂內

港澳來往客輪

http www.turbojet.com.hk 香港上環干諾道中200號信德中心3樓 2859-3333 07:00～23:59(每15分鐘一班)、00:30、01:00、01:30、02:30、04:00、04:45、06:00 白天平日HK$175、週末、假日HK$190；晚上HK$220 從港鐵上環站D出口，即可抵達

從香港坐船到澳門只需1小時，不少訪港旅客都喜歡將澳門排進行程表內。位於上環信德中心的港澳碼頭，是香港通往澳門的主要口岸，由3間公司提供航運服務，每15～30分鐘就有一班船，假日、週末較多人搭乘，建議先在網路上預訂船票，另有直升機往返澳門，雖然價格較高，但只要15分鐘即可抵達。信德中心內的旅行社，也有販售酒店加船票的套裝商品，有很多不同的選擇，從香港前往澳門旅遊，可以安排一日來回的行程，若想行程更輕鬆一點，亦可在澳門住宿一晚，也是不錯的選擇。

市區交通

電車

於1904年通車，是香港歷史最悠久的交通工具之一，由於行駛時的「叮叮」響號聲很特別，所以也稱為「叮叮」或是「叮叮車」，在香港開埠初期，是重要的交通工具；分成東西雙線運行，往返筲箕灣和堅尼地城之間，當中來往跑馬地的環形支線是單線行車，車廂為雙層設計，搭配上木製車廂內裝，相當有傳統風味。有別於一般交通工具，電車是採用下車才付費(現金、八達通卡)的模式，後門上車、前門下車，大部分都沒有報站系統，要預先到車頭準備下車。經歷百年來的變遷，電車仍然保留昔日的老香港情懷，而且票價亦是最便宜，成為旅客觀光的著名景點，特別建議在晚上搭乘，才能避開人潮、享受寧靜舒適的香港另一面。

DATA
www.hktramways.com
2548-7102　06:00～24:00（每條路線相異）　大人HK$3.00、小孩(3～12歲)HK$1.50、老人(65歲以上)HK$1.20　行駛於筲箕灣、堅尼地城之間，站名含E為東行線，W為西行線，T為總站

▲預備下電車的乘客都會坐到車頭

▲電車內的上層座位

天星小輪

自1898年開始營運，是以前往來九龍、香港島的主要交通方式，見證著香港的時代變遷，雖然現在有港鐵和過海隧道，但仍然受市民歡迎，曾經入選國家地理旅遊雜誌的「人生50個必到景點」之一，更獲美國旅遊作家協會評選為「全球10大最精彩渡輪遊」之首，絕對是香港不能錯過的交通工具。天星小輪上的座椅全都是單色木製樣式，渡輪分為上下兩層，上層客艙有空調供應感覺較為舒適，但是被窗框包圍，視覺景觀較窄，下層沒有遮擋，視野較為遼闊；推薦在晚上乘坐，能夠在短短的船程裡，忘卻旅遊行程的匆忙，乘著海風、欣賞美景，是讓精神暫時放鬆的好方法。

DATA

🌐 www.starferry.com.hk
📞 2367-7065 🚢 各路線約07:30～23:30之間，每6～20分鐘一班，可上官網→渡輪服務查詢詳細班次 💲上層大人平日HK$5.0、假日HK$6.5，小孩平日HK$2.9、假日HK$3.9；下層大人平日HK$4.0、假日HK$5.6，小孩平日HK$2.8、假日HK$3.7；4天旅遊票(只在尖沙咀發售)HK$50 🗺️ 碼頭位置：尖沙咀P.47／B3、中環P.117／D1、灣仔P.135／D1（碼頭位置另可參考P.2香港市區簡圖）

傍晚搭乘天星小輪，欣賞維多利亞港的夕陽美景

巴士BUS

香港的巴士分別由4家公司營運，路線遍及全香港各區，是香港人日常搭乘的交通工具，所有車輛都設有八達通(P.37)電子收費系統，短途通常收費約HK$5，長途收費最高約HK$30。

香港運輸處
🌐 www.td.gov.hk
進入網頁，依序點入：
主頁→香港運輸→公共交通→巴士

▲市區巴士(城巴有限公司)

▲市區巴士(九龍巴士有限公司)

▲另一系統的公共小型巴士，綠色固定路線，紅色非固定路線

的士(計程車，Taxi)

香港的士(Taxi)共有3種類型，分別行駛於市區、新界及大嶼山，有各自禁止行駛的路段，空車時不可跨區載客，但可前往乘客指定的地區，如果距離不遠且同行者多的話，選擇搭乘的士也是快捷省時的方式，但建議避開早上8～10點、下午5～8點上下班的高峰時間搭乘；除了車資，部分情況會收取額外的費用，如：後車廂放置行李，每件收取HK$6，行經收費隧道和道路時，乘客需負擔相關的通行費，搭的士過海(香港島、九龍之間)，需負擔過海隧道和額外回程費用。香港市區會有標示「只限過海」的士(排班)站，若在此搭車過海，就只需要付單程的車費和隧道通行費用。

市區的士(紅色)，基本2公里HK$29，新界的士(綠色)，基本2公里HK$25.5，大嶼山的士(藍色)，基本2公里 HK$24，詳細乘車資訊和收費內容，可參考相關網頁的說明。

香港運輸處
🌐 www.td.gov.hk
進入網頁，依序點入：
主頁→香港運輸→公共交通→的士

人力車觀光巴士

香港的高樓大廈隨處可見，入夜後的中環更是燈光璀璨，但要一邊查閱地圖、一邊欣賞美景，確實是有點難度，若能坐上開篷的雙層巴士，悠閒自在地欣賞沿途景色，是相當不錯的選擇。以人力車為題材設計、起點設於中環天星碼頭旁的觀光巴士，設有一條H1「懷舊之旅」路線，來往香港島和九龍半島，全程約105分鐘，沿途會經過多個知名景點，日景班次還會多經過8個景點。推薦選擇在晚上乘搭，看看香港的夜景也挺舒服的呢！

DATA

www.rickshawbus.com ✉ 香港中環天星碼頭 ☎ 2136-8888
💲 單程票：分兩條路線H1／H2，每程大人HK$41.8，小孩、老人HK$20.9；若由香港往九龍，再返回香港，大人HK$83.6，小孩、老人HK$41.8，想要坐來回的乘客需以同一張八達通卡或同一個電子支付工具的帳戶重新確認車程 ➡ 從港鐵中環站(P.116)的A出口，右轉登上行人天橋，然後往左轉沿天橋前行，往碼頭方向直走，到達碼頭後走到旁邊的巴士站，全程約10分鐘即可抵達 MAP P.117／D1

▲觀光巴士的售票處

▲人力車觀光巴士的外觀

▲附近巴士路線的資訊地圖

日常生活資訊

語言和文字

以廣東話為主要語言，其次是英語和普通話(中文)，而書面語(書寫文字)則以繁體中文和英文為主；香港人普遍能使用簡單的英語和普通話，但一般年輕人會較為熟練。

時差

台灣與香港同屬格林威治標準時間GMT＋8，所以雙邊沒有時差。

氣候

香港位處亞熱帶地區，空氣較為潮濕，夏天特別悶熱，冬天較為寒冷，整體感覺大致上和鄰近的台灣及澳門相似，穿衣方面適量即可，有需要可直接在香港購買；此外，香港室內冷氣都會開得比較大，建議多帶件外套備用，避免著涼。

WEATHER UNDERGROUND：未來一週氣象、日出日落時間查詢
🌐 www.wunderground.com，中文網頁，輸入「香港」查詢

香港天文台
🌐 www.hko.gov.hk

月份	氣溫	天氣概要
3〜5月(春季)	18〜26°C	帶點微涼，天氣潮濕，偶有大霧
6〜8月(夏季)	26〜34°C	炎熱潮濕，陽光充足，偶有雷雨和颱風
9〜11月(秋季)	20〜28°C	秋風涼爽，陽光明媚，適合郊遊
12〜2月(冬季)	10〜18°C	清涼乾爽，雲量較多，偶有冷鋒過境

香港旅遊黃頁簿　行前準備　機場交通　市區交通　日常生活資訊

電壓和插頭

香港電壓220V，使用英式三腳方形插座，有自動變壓功能100V～240V的電器，例如：相機、手機、平板電腦、筆記型電腦等，只需有轉換插頭即可使用，轉換插頭在台灣的大賣場、網拍通路和五金行等有販售。

貨幣與匯率

香港的法定貨幣為港元($／HK$)，有3家銀行發行；紙幣共6種，分為10、20、50、100、500及1,000元，硬幣共7種，分為10分、20分、50分、1元、2元、5元及10元；港幣1元約可兌新臺幣4.10元(匯率時有異動，請上台灣銀行網站查詢)，本書所有金額價位，若無特別說明，皆以港幣為準。市區部分商家可用人民幣交易，但仍然以港幣為主。

香港的物價

香港地少人多，店面租金也比其他城市為高，連帶商品及餐飲的價格也較高一些，在香港吃飯，建議每餐基本平均預算為HK$50～80(以匯率為4.10，約新台幣205～325元)。

麥當勞大麥克套餐	HK$42
星巴克普通熱咖啡(小杯)	HK$34
一串魚蛋	HK$8～15
茶餐廳的常餐	HK$38～48
便利店鋁罐裝可樂(330ml)	HK$8
便利店瓶裝可樂(500ml)	HK$12
便利店瓶裝礦泉水(770ml)	HK$11

香港商店營業時間

便利商店	24小時營業
一般商店百貨商場	約10:00～22:00
銀行	週一～五09:00～18:00、週六09:00～13:00
郵局	週一～五09:30～18:00、週六09:30～13:00

消費稅和服務費

除了應課稅品，如酒類、菸草、香菸及雪茄等外，香港並無消費稅，因此沒有退稅制度；部分餐廳會收取帳單金額的10%作為服務費。

購物折扣季

香港有2個較大型的折扣季，分別是每年6月中～9月中，和每年12月聖誕節前夕～2月農曆新年期間，屆時香港很多商戶都會配合，進行換季的折扣促銷活動，是愛血拼的朋友必定要鎖定的旅遊焦點！

生活習慣的差異

香港曾是英國的殖民地，一些生活習慣會跟隨英制，例如人、車的行進方向是靠左邊，地址裡的「地下」(Ground Floor，簡稱GF層)，就是台灣的1樓，而香港的1樓=台灣的2樓，依此類推。

請留意！這些話別亂說！

在台灣的生活流行用語，例如「仆街」、「老母」、「屌」等，在廣東話裡可是罵人的髒話，記得在香港別亂說啊！

節慶和假期

香港這個匯集華洋、融合中西文化的地方，每年都有不少特別節慶及盛事在這裡舉行，農曆新年、聖誕節、萬聖節及端午節等各種活動，特別是除夕倒數和大年初二，屆時維多利亞港的兩岸，都會擠滿觀看煙火匯演的人群，在璀璨的煙火映照下，度過難忘的夜晚。

香港公眾假期：

1月1日	元旦
農曆年初一～三	農曆新年
3月～4月	耶穌受難節
3月～4月	耶穌受難節翌日
4月4日～6日	清明節
3月～4月	復活節星期一
5月1日	勞動節
農曆四月初八	佛誕
農曆五月初五	端午節
7月1日	香港特別行政區成立紀念日
農曆八月十六	中秋節翌日
10月1日	國慶日
農曆九月初九	重陽節
12月25日	聖誕節
聖誕節後隔天（週日以外）	禮節日

手機儲值卡和上網

通常連鎖便利店都有售手機SIM預付卡，客人可依照自己的需求購買；我推薦購買「香港任縱橫儲值卡」，有7或15天的網路吃到飽，還可共享無線網路訊號，對一行人來說滿方便的，在機場也有這家的門市，不會開通的話可找職員幫忙。

■香港國際機場內購買預付卡的店鋪位置

7-11便利店
- 香港國際機場第五層抵港層接機大堂
- 2299-1110
- 24小時營業

1O1O Centre (CSL)
- 香港國際機場第五層抵港層接機大堂
- 2261-0818
- 11:00～20:00

打電話範例

香港的國際區碼為852，市內電話沒有區碼。

香港→海外：
從香港打給太雅出版社
市話：001-886-2-2882-0755
手機：+886-2-2882-0755

海外→香港：
從台灣打給駐香港台北經濟文化辦事處
市話：002-852-2530-1187
手機：+852-2530-1187

幣值：港幣

儲值卡	香港任縱橫儲值卡(7日)	香港任縱橫儲值卡(15日)
開卡服務	12GB 5G香港本地及澳門漫遊數據	24GB 5G香港本地及澳門漫遊數據
網絡規格	5G、4.5G、3G (按實際接收情況)	
售價(金額HK$)通話金額	$88 (可通話$30)	$118 (可通話$30)
香港本地	無限	
國際長途	不時更新，查詢官方公布	
儲值卡有效期	90日(每次增值$50以上，會自動延長180日)	

實用電話

香港旅遊發展局台灣辦事處
- www.discoverhongkong.com
- 台北市忠孝西路一段66號29樓(新光摩天大樓)
- 09:00～17:00
- (02)2389-8080

香港當地
- 報警、火災、急救：999
- 旅遊熱線：2508-1234
  (每日09：00至18:00)
- 香港鐵路公司：
  2881-8888，週一～五08:30～18:00，週六08:30～13:00(公眾假期除外)

緊急聯絡單位

在香港若發生遺失護照、危害生命安全等的重大事故，需要協助時可連絡以下單位：

台北經濟文化辦事處
- 香港灣仔港灣道18號中環廣場49樓4907室
- 2887-5011
- 週一～五09:00～17:00，電話諮詢09:00～13:00、14:00～17:00

※緊急救助聯絡專線
（非緊急事項請勿撥打）
- 緊急電話：6143-9012
- 緊急傳真：2525-5860
- 總機：2525-8642
- 專線：2160-2017~9

※台灣居民辦理入台證明書
- 緊急電話：
  2887-5011(上班時間)、
  9314-0130(非上班時間)
- 緊急傳真：2810-0591

實用APP應用程式

 ### MTR Mobile

由港鐵公司推出，以港鐵路線圖為基礎介面，可直接點對點的查詢行車路線，並列出車費、建議路線、轉乘站、出口資訊、最短乘車時間、頭末班車發車時間及站內設施等。

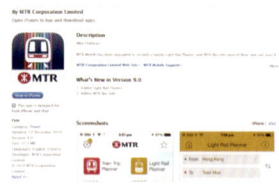

 ### My HKG (Official)

由香港國際機場製作推出，為旅客提供即時航班資料、機場特別通告通知、綜合旅客指南、內地船班及客車時間表，公共交通路線搜尋，以及機場設施位置圖。

 ### 百度地圖

由中國入口網站開發，地圖內容畫得相當仔細，且支援離線地圖、導航和街道全景模式，出發前可以預先下載香港的離線地圖，方便在沒有網路的情況下使用，但是沒有繁體中文版，對於不會看簡體字的人來說比較吃力。

 城巴 Citybus

主要營運香港島及機場等巴士路線，提供地圖搜尋及資料顯示功能，包括行車路線、快速點對點路線、附近巴士路線、巴士站導航、行程紀錄追蹤，以及未來45分鐘內城巴機場巴士線預計抵達的時間。

 ### App 1933 - KMB‧LWB

九巴、龍運巴士合作推出，2間公司分別涵蓋九龍、機場及東涌來往新界區的巴士線，提供巴士路線即時訊息、查找路線、下車提示、鄰近巴士站位置等資訊，可尋找最便宜、最直接的巴士路線，相當實用方便。

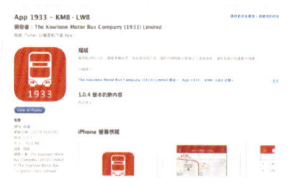

20

OpenRice Hong Kong 開飯喇

香港最受歡迎的飲食媒體，網站上有超過40,000間餐廳及600,000篇食評，可以用餐廳名稱、地址、招牌菜、或地區、菜式及價錢等條件來搜尋，還可用GPS定位搜尋附近餐廳，是在香港找吃的必備APP！

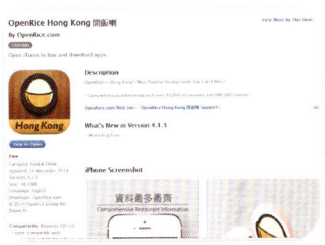

Uber

在全球600多座機場和10,000多個城市提供服務，幫助遊客輕鬆實現旅遊計畫。可視需要即時叫車，也可以提前安排行程，可事先查看預估應付車資，費用多少一目瞭然。

實用廣東話

廣東話	國語
多士	吐司
布甸	布丁
曲奇	餅乾
士多啤梨	草莓
朱古力	巧克力
三文魚	鮭魚
沙律	沙拉
菠蘿	鳳梨
一丁、公仔麵	泡麵
打冷	吃潮州菜
打邊爐	吃火鍋
意粉	義大利麵
通粉	通心麵
加底	麵、飯加大分量
炒底	把麵、飯炒過
烘底	把麵包底烤過，變得更香脆
加一	10%服務費
堂食	內用
外賣、行街、打包	外帶
伙記	餐廳服務員
餐牌	菜單
例牌	標準分量
落單	下單、點餐
卡位	靠邊座位
搭檯	併桌
埋單	結帳
貼士	小費

搭地鐵玩遍
香港

香港7大印象

即使沒有來過香港，也會從朋友口中得知，香港是一個繁華熱鬧、五光十色的國際大都會，除了是購物天堂、電影之都，還匯聚了各國的美食佳肴，多元的文化特色，懷舊的人情風貌，以及香港醉人的夜景和精采夜生活等，每一樣都令人流連忘返，這次我為大家精心挑選了香港最精華的7大印象，讓還沒來過的朋友預先認識香港，已經來過的人，也可以重溫香港的各種面貌喔！

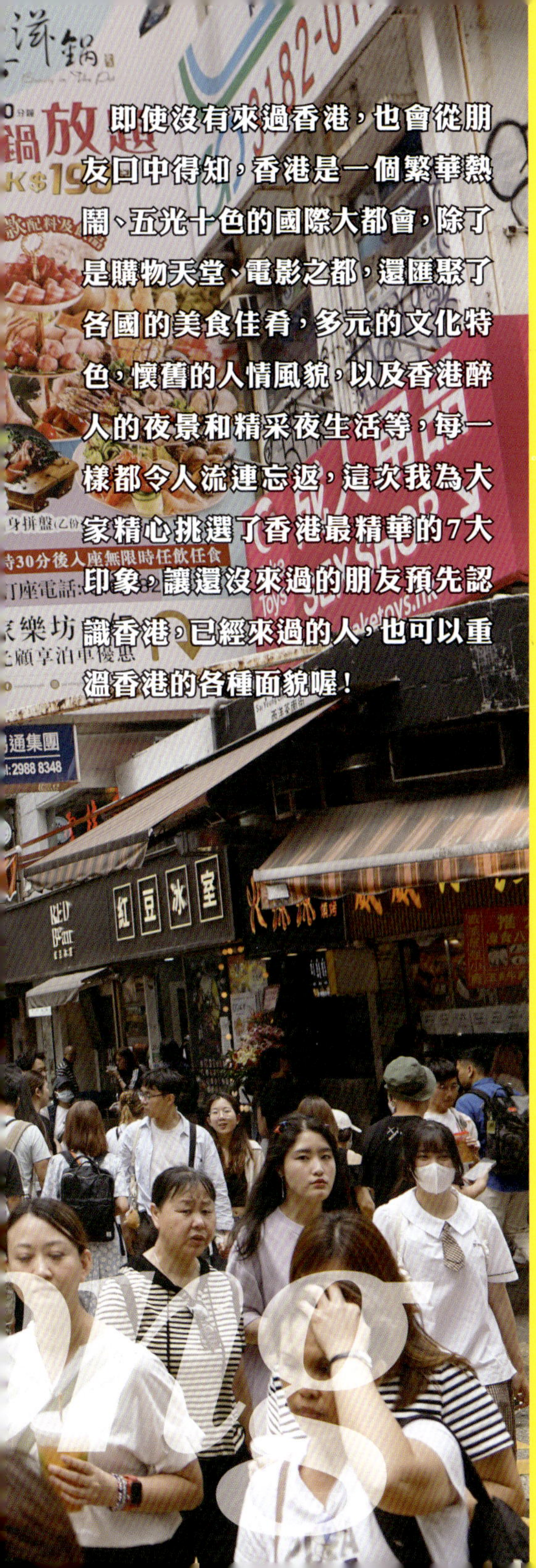

圖片提供／香港迪士尼

- 印象1：購物天堂，荷包必失血　24
- 印象2：豐富美食，減肥放一邊　26
- 印象3：電影之都，世界大舞台　30
- 印象4：懷舊人情，歲月留痕跡　31
- 印象5：多元文化，中西齊融合　32
- 印象6：醉人夜景，精采夜生活　33
- 印象7：打卡熱點，網紅必征服　34

香港印象 ①

購物天堂，荷包必失血

　　香港的低稅率和簡單稅制，除了特定菸酒類需要徵稅，大部分商品都是免稅，自然吸引不少國際品牌進駐，造就了世界知名的「購物天堂」。隨處可見的逛街選擇，既有高級大型商場，也有普羅市民愛逛的購物中心，亦有充滿特色的露天市集，可以滿足各種喜好需求，並且交通配套完善，只要搭短程地鐵就可到達，隨時隨地都能享受購物帶來的樂趣。

　　香港各區都有不同價位的購物點，例如尖沙咀和中環，是名店林立的大型商業區，國際一線品牌比比皆是，對於喜愛高級精品的旅客來說，絕對是購物天堂；而旺角就是年輕人愛逛的地區，周邊有大大小小不同類型的商場和購物街，所有最流行、最時尚的商品都匯聚於此，無論是時裝、鞋類、飾物、化妝品、玩具、動漫精品、創意擺設、運動用品、家電及影音產品等都應有盡有，要緊貼香港的潮流動向就必定要來這裡。

香港7大印象

印象 ❶ 購物天堂，荷包必失血

另外，還有一些深受歐美旅客歡迎的露天市集，就好像油麻地的廟街夜市、旺角的女人街和赤柱的赤柱市集等，都是旅客購入古董、衣服、中國風紀念品的好地方。香港每年都會有2次換季清貨大減價，分別是每年的6～9月和聖誕節前夕至農曆新年，那時候商品價格都會變得相當優惠，是一定要把握的血拼好時機。

25

香港印象 ❷

豐富美食，減肥放一邊

香港除了有漂亮的夜景外，讓人馬上聯想到的，一定離不開美食，由於歷史因素的關係，香港的飲食文化也巧妙融合了中西不同的元素，用「豐富」二字都難以完全形容。

香港美食中較為大家所熟悉的，必定是港式風味的飲茶文化，早上要到茶樓飲茶吃點心，才稱得上不枉此行，如果同行人數較少，說不定要和陌生人「搭檯」；找好位置坐下後，跟服務生點一壺茶，再用熱水清洗一下杯碟，之後用點心紙(菜單)選好要點的項目，基本款如蝦餃、燒賣、山竹牛肉、叉燒包、雞扎(雞捲)、灌湯餃、奶黃包、排骨、鳳爪和各式腸粉等，在個別茶樓可能還有獨家的招牌點心，點好菜再交給服務生下單，邊等邊觀察其他茶客的生活百態，感受一下香港人的生活節奏，是個不錯的旅遊體驗。

打冷、打邊爐 VS 宵夜糖水

晚餐就去試試新忠記「打冷」，或是較熱鬧的「打邊爐」(火鍋)吧！2種都是一群人圍在一起，一邊吃東西，一邊說說各自的近況，大家有說有笑，即使沒有想到話題，也可以先用餐，不會有尷尬的氣氛，所以「打冷」和「打邊爐」都是飯局聯誼很好的選擇！「打冷」中的「打」，跟粵語中「打的」(搭計程車)、「打邊爐」相類似，有進行式的意思，而「冷」為潮州話，潮州話裡「自己人」講法為「家己儂」，而粵語音譯「架忌冷」，所以廣東人都稱潮州人做「冷佬」，因此「打冷」一般是指吃潮州菜的意思。

新忠記「打冷」，賣潮州菜的大排檔(路邊攤)，有滷水拼盤、凍蟹、煎蠔餅、韭菜豬紅(豬血)、蠔仔粥等等，可以和三五知己小酌幾杯、盡興一番，感受大牌檔的道地文化。還有，大部分香港人都有吃宵夜的習慣，一般以吃糖水(甜點)為主，大部分糖水店也會營業至深夜凌晨，極之方便，所以香港有「美食之都」的稱號也是當之無愧！

菠蘿油 VS 絲襪奶茶

「菠蘿包」的外層酥皮經烘烤後，與菠蘿(鳳梨)的外形相似，而菠蘿油是在熱烘烘的菠蘿包中間，多夾一片冰冷牛油，麵包的熱度將牛油慢慢溶化，吃下去會有冷熱交錯的奇妙口感，是令人回味無窮的香港美食。

而「絲襪奶茶」並不是用真的絲襪來製作，而是以棉線網來過濾茶渣，處理後的茶會特別細滑，由於棉線網經紅茶長期浸泡，顏色變得與絲襪相似，因此稱為絲襪奶茶。還有，在香港的餐廳點冰飲，通常會比熱飲多收HK$2，這是多加的冰塊錢，又稱為「凍飲加2」；而「茶走」一般是指奶茶不用奶水，改加入煉奶，這樣就不用再加砂糖，可以使奶茶更香滑細緻，另外「走」這個說法，只會用於熱飲喔！

搭檯 VS 洗筷茶

香港地小人多，為了節省座位空間，因此有「搭檯」(併桌)的習慣，也可以不要併桌，但排隊時間就會變長一些。另外，很多香港人習慣用入座後奉上的茶水，把餐具再洗一次，雖然店家都已清洗過，但總感覺沒洗乾淨，再清洗一次才安心，於是「洗筷茶」成為香港人獨特的用餐習慣；到底這茶可以喝嗎？其實是可以喝的，即使你喝掉也沒有人會覺得很奇怪。

在街頭巷尾都看得到的「港式」風味茶餐廳，絕對是填飽肚子的好選擇。香港人生活步調急促，講求速度，茶餐廳更是當中的精髓，服務生的身影在店裡快速穿梭，在等客人下單時，總會流露出一點點的不耐煩；我閒時都喜歡到茶餐廳品嘗一個菠蘿油，再配上一杯熱奶茶走，如果剛好有蛋撻新鮮出爐，當然亦不能錯過，熱騰騰的蛋撻、鬆脆的蛋撻皮，內餡甜而不膩，香滑更富口感，絕對令人滿足。

中式茶樓點心
添好運點心專門店(P.95)、六安居(P.114)、鳳城酒家(P.167)

港式茶餐廳
澳洲牛奶公司(P.62)、金華冰廳(P.85)、蘭芳園(P.126)

新忠記「打冷」、吃到飽「打邊爐」
新忠記打冷小菜館(九龍紅磡)、至尊重慶雞煲(P.79)

宵夜糖水鋪
佳佳甜品(P.65)、松記糖水店(P.98)、聰。C Dessert(P.138)

香港7大印象

印象❷ 豐富美食，減肥放一邊

港式飲茶

在眾多的飲茶點心中,不可錯過的還有:山竹牛肉、奶黃包、四寶雞扎、炸雲吞、灌湯餃、鳳爪、糯米雞、金錢肚(牛胃)、蘿蔔糕等,每樣都是必吃美味!

甜品

香港人在晚餐後最愛吃糖水甜品,一般供應糖水的店家,多從午後才開始營業到深夜,早上去可是會撲空的喔!

燒賣　雪山叉燒包　馬拉糕　腸粉　蓮蓉包　鯪魚球　蝦餃

楊枝金露(芒果西米露)　雙皮燉奶(港式奶酪)　芝麻糊　豆腐花　榴槤班戟(薄煎餅包榴槤)

茶餐廳

在茶餐廳裡,香港人最常吃的有:沙嗲牛肉麵、雪菜肉絲米粉、火腿通心麵、飛碟(邊緣封密的烘底三明治)和各式三明治等。

奶油豬仔包(港式奶油餐包)　蛋撻　西多士(法國吐司)　菠蘿油　絲襪奶茶　檸檬茶　鴛鴦(咖啡+奶茶)　咸檸七(鹹金桔+檸檬片+七喜)　蓮子紅豆冰

燒臘

粵菜中的燒烤食品，除了常見的叉燒、燒鵝外，還有燒骨、燒鴨、燒乳豬、油雞、臘肉、臘腸、臘鴨等。

燒鵝
叉燒
燒肉

街頭小吃

香港的小食(小吃)種類豐富，是最好的解饞點心，或是不知道正餐要吃什麼的時候，不妨就去掃街，看到什麼就吃什麼囉！

雞蛋仔(雞蛋糕)
臭豆腐
炸大腸
魚蛋
生腸
齋腸粉(無肉)
豬皮、蘿蔔、魚蛋

其他美食

如果你覺得香港就只有「港味」，那就太可惜啦！這裡可是匯集各地區美食精華的大本營，不怕沒東西吃，就怕你吃不完。

鴨蛋炸蠔餅
生滾粥 
煲仔飯 
車仔麵 
牛腩河粉 
臘味糯米飯 
雲吞麵(細餛飩麵) 
炸兩 (腸粉包油條) 
避風塘炒辣蟹 

香港7大印象

印象❷ 豐富美食，減肥放一邊

29

香港印象 ❸
電影之都，世界大舞台

華人圈子流傳著一句話：「有華人的地方，就有香港電影的蹤跡」，由此可見，香港電影在華人群中有著舉足輕重的地位。

香港電影又稱「港產片」，在1970年代興起時，以武打及武俠片為主，一代巨星李小龍就是憑著當時的功夫電影一炮而紅，更將香港電影推向全世界；到了1980年代，電影業人才輩出，港產片變得更多元化，孕育出不少經典作品，例如：周潤發的《英雄本色》、成龍的《警察故事》、張國榮的《阿飛正傳》和梁朝偉的《春光乍洩》等。

步入1990年代，周星馳主演的一系列搞笑電影，風靡著世界上每一位華人，到了90年代末期，由漫畫改編的《古惑仔》系列電影更是紅極一時，當中由鄭伊健飾演的「銅鑼灣扛霸子」陳浩南一角，真可謂無人不識，2002年由劉德華和梁朝偉合演的《無間道》，更令警匪片重奪港產片的主流地位；綜觀世界各地華人，當中有不少都是看港劇和港產片長大的，所以對香港有著特別的感觸。

走在香港的大街小巷，往往會發現很多熟悉的電影或電視劇場景，像是在《重慶森林》中出現的「中環至半山自動扶梯」、《PTU》裡警察常去的「中國冰室」、《烈火戰車2：極速傳說》鄭伊健與任達華賽車的起點「觀塘汽車渡輪碼頭」、《無間道2》吳鎮宇以手槍指著曾志偉的「馬坤記」大牌檔；除了港產片之外，不少荷萊塢大片都喜歡在香港取景，《蝙蝠俠》中出現的「國際金融中心二期」大廈，或是《變形金剛4》裡在深水埗大南街上演的飛車追逐場面，每一幕都令人印象深刻。在來香港旅遊之前，不妨多看幾套港劇或是港產電影，必定會令香港之旅加添不少色彩。

但如今這些知名拍攝地點，像是「中國冰室」、「馬坤記」都已結業，影迷想要看這家老店只能從電影裡回味了。大南街也不再是過去招牌林立的街道，而是轉化成全新的文青風貌。

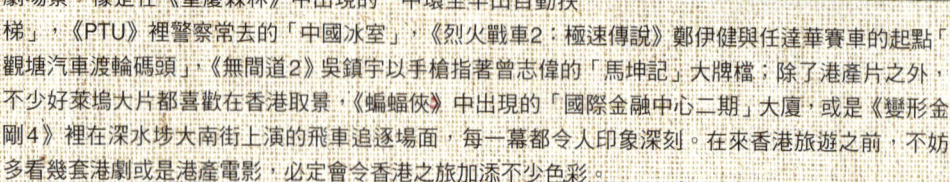

❶《重慶森林》中環至半山的自動扶梯 ❷《奪命金》、《文雀》、《暗戰》開源道 ❸《PTU》興業街 ❹《變形金剛4》大南街(此景象已只能在電影中追憶) ❺《蝙蝠俠》國際金融中心二期大廈

30

香港印象 ❹

懷舊人情，歲月留痕跡

有些海外的朋友會問我，作為香港人的你，喜歡在香港生活嗎？我會很肯定地回答：「十分喜歡。」對於在香港出生、生活了快30年的我來說，這裡有太多讓我喜歡的理由，從小時候於公共屋邨(公共住宅)裡成長，在家門外的走廊跟鄰居小朋友嬉戲，跑去附近的「士多辦館」(雜貨店)買零食，每一樣都充滿回憶。

長大了以後，都會對香港的舊事物充滿留戀，我喜歡坐在電車上層，慢慢地欣賞香港。電車行走時的「叮叮聲」、過斑馬線時的「啪啪聲」、雪糕車上播放的《藍色多瑙河》音樂，這麼多年從沒變過；喜歡在街上掛滿的一個個大招牌，天星小輪上的木製椅子，幾百年歷史的人力車，還有充滿懷舊味道的老街道、冰室和店舖等，雖然外表、裝潢陳舊，都經過歲月的洗禮，但卻滿載著上一代的濃濃人情味。

香港7大印象
印象 ❸ 電影之都，世界大舞台
❹ 懷舊人情，歲月留痕跡

❶ 轉盤電話 ❷ 吹風機 ❸ 收銀機 ❹ 人力車 ❺ 茶餐廳杯碟套裝、公雞碗 ❻ 古早玩具七巧板 ❼ 電車 ❽ 黑膠唱盤唱機 ❾ 美都餐室，老香港的冰室、餐室好味

31

香港印象 ❺

多元文化，中西齊融合

香港曾經是英國的殖民地，也是國際上重要的貿易港口，所以形成華洋雜處、中西薈萃的多元文化，一方面既會慶祝東方的傳統節慶，另一面亦會慶祝西方的情人節、萬聖節、復活節和聖誕節等，展現出香港中西共融的獨特性。

香港這個國際大都會，容納了不同國籍和種族的人士，經過相關單位統計，光是尖沙咀的重慶大廈就有多達120個不同國籍的人士出沒，每個種族的宗教信仰和飲食文化都略有不同，但香港卻真正能做到互相兼顧；因此在香港各區就有不同的信仰中心，例如：尖沙咀的清真寺、黃大仙的黃大仙祠、大嶼山的天壇大佛、中環的聖約翰座堂等，每個宗教信仰都能公開進行相關活動，做到互相尊重、和平共處，若有興趣體驗香港的多元文化特色，我建議選擇特別的節慶來港，必定能感受到香港濃厚的節日氣氛。

❶ 天壇大佛　❷ 黃大仙祠　❸ 大館的聖誕節布置

香港印象 ❻

醉人夜景，精采夜生活

香港有「東方之珠」的稱號，夜景是大家公認的漂亮，在世界城市夜景排行榜中，長期高居前三名，還有蘭桂坊的酒吧區，也是著名體驗香港夜生活文化的特色街區；此外吃美食也是夜生活重要的一環，有不少24小時營業的餐廳店家，茶餐廳、潮州菜、大牌檔和糖水甜品等，都是香港人吃宵夜的必定選項。

要觀賞香港的美麗夜景，首選2個地點：尖沙咀海邊和太平山山頂。尖沙咀的海濱公園，能夠眺望整個香港島，五彩繽紛的耀眼燈光，映照著維多利亞港，令眼前的景象美得如一幅畫，而從太平山山頂的高角度俯瞰整個香港夜景，景色壯麗璀璨，使每一位到來的旅客留下深刻印象。當你還沉浸在夜景的陶醉、不想離去之時，夜生活的微醺也許是不錯的選擇，這時候要前往的地方，必定是蘭桂坊酒吧區一帶；街道兩旁開滿了風格各異的酒吧及餐廳，無論是熱鬧狂歡、品酒聊天、安靜放鬆，皆可任君選擇。蘭桂坊聚集了世界各地的旅客，可以和陌生人交流認識，但也請注意安全，最好相約朋友一起前往，這樣會安心得多。

1 廟街 **2** 香港摩天輪 **3** 蘭桂坊 **4** 維多利亞港夜景 **5** 星光大道

香港7大印象

印象 ❺ 多元文化，中西齊融合 ❻ 醉人夜景，精采夜生活

香港印象 7

打卡熱點，網紅必征服

香港的攝影好地方多不勝數，城市每一處都有不同特色的景點等待大家發掘，由於有些是私人屬地或位置鄰近民居，建議在不打擾他人的前提下參觀，可以拍照，但請低調進行。

彩虹邨
DATA　　　出地鐵站步行約3分鐘

🏠 九龍彩虹邨停車場頂層平台　🕐 24小時　🚇 從港鐵彩虹站C3出口，靠右前行轉入彩虹邨，沿彩虹邨停車場樓梯往上步行至頂層平台，全程約3分鐘即可抵達

彩虹邨於1963年落成，是香港最早期的公共屋村之一，講求簡潔與實用兼備，在50～60年代是很大規模的建築，色彩豐富，時至今日仍是遊客的熱門拍照地點。

> **歡迎使用#hashtag**
>
> 歡迎大家在Facebook、Instagram等社交媒體上傳照片時，可加入以下#hashtag：
>
> #搭地鐵玩遍香港　#香港旅遊背包客　#三木　#必買旅遊工具書　#香港旅遊　#hkbackpacker　#san6t2　#香港　#太雅出版社　#discoverhongkong

南山邨
DATA　　　出地鐵站步行約5分鐘

🏠 九龍南山邨街市頂層平台　🕐 07:00～22:00　🚇 從港鐵石硤尾站B2出口，左轉沿窩仔街前行，於大坑東道左轉前行，於大坑西道左轉，全程約5分鐘即可抵達

南山邨於1977年落成，是傳統的舊式屋邨，街市上的平台，設有遊樂設施，由於三面都被居民包圍，景觀獨特，近年成為拍照打卡的熱門地點。拍攝時請勿大聲喧嘩，以免影響附近居民。

打卡熱點 海山樓
DATA

出地鐵站步行約5分鐘

📧 香港鰂魚涌英皇道1026-1028號 ⏰ 24小時 ➡️ 從港鐵太古站B出口，左轉沿英皇道前行，全程約5分鐘即可抵達 ℹ️ 私人地方，請盡量不要打擾到附近居民

　　由5座大廈組成，建築群密集得令人喘不過氣，充滿壓迫感；就像一隻具懾人氣勢的怪獸，所以被稱作「怪獸大廈」，自電影《變形金剛4：絕跡重生》曝光此處之後，這裡已成為訪港旅客必須拜訪的攝影勝地！

打卡熱點 西環泳棚
DATA

下巴士後步行約3分鐘

📧 香港摩星嶺域多利道(鄰近88號) ⏰ 24小時 ➡️ 從港鐵堅尼地城站B出口，沿北街前行，於卑路乍街左轉步行至巴士站，搭乘城巴43M線往田灣方向，於【港島西廢物轉運站】下車，穿越馬路後往上行；看到【西環街坊福利會】的牌子，沿樓梯往下走即可抵達

　　目前碩果僅存的市區泳棚就只有這裡，摩星嶺的泳棚早見於1932年，由於香港早期沒有公眾游泳池，泳棚就成為游泳的好去處，時至今日，到這裡遊泳的就只剩老一輩的人，不過卻也成為攝影愛好者的必到勝地。長橋向海延伸，海浪拍打岩石，夕陽緩緩西沉，成為了最美的構圖。建議於中午前後來，人潮會比較少。

打卡熱點 嘉咸街
DATA

MAP P.125/A2
出地鐵站步行約7分鐘

📧 香港中環荷李活道48號(住好啲G.O.D側P.122) ⏰ 24小時 ➡️ 從港鐵中環站D2出口，右轉前行至戲院里後左轉直走，過斑馬線後沿德己立街前行，於威靈頓街右轉直走，至擺花街左轉前行至荷李活道，於嘉咸街左轉，全程約7分鐘即可抵達

　　嘉咸街的壁畫算是整個中上環一帶最著名的拍照景點，基本上每一個來此的旅客都會駐足拍個夠，由於街道狹小，常常會出現人車爭路的驚險情況，拍照時請注意安全。

香港7大印象　印象7 打卡熱點，網紅必征服

香港地鐵快易通

地鐵發展史

在1960年代初，香港經濟發展迅速、人口激增，市民對公共交通工具需求殷切，所以香港政府任命顧問公司研究解決方法，落實興建地鐵系統，並於1975年11月動工，1979年10月1日正式通車啟用；此後香港地鐵系統不斷擴建延伸，在2007年12月地鐵公司更與九廣鐵路公司合併，更名為「香港鐵路有限公司」，簡稱「港鐵」，繼續營運包括機場快線等12條地鐵路線，網絡範圍達218.2公里，貫穿港九新界，亦在屯門及元朗區提供輕鐵及接駁巴士服務，平均每日的載客量有近530萬人次。

香港地鐵3大系統

■ **地鐵**
Mass Transit Railway

港鐵的綜合鐵路系統，全長220.9公里，包括高架、地面及地下鐵路，由10條鐵路線、共93個車站組成，網絡四通八達，方便乘客前往香港的各個地區。

■ **機場快線**
Airport Express

全長35.3公里，是連接香港國際機場及市中心區最快捷的交通工具，旅客由中環市中心前往機場僅需約24分鐘，而且機場快線乘客還可享有市區預

1 請走綠色箭頭指示的刷票口入站 2 在香港人、車是靠左通行，和台灣的靠右不同，不是人家要故意擋你路喔 3 地鐵站內的月台門上方，有標示前往方向和該地鐵行車路線 4 香港地鐵站內的單程票售票機

36

辦登機，以及機場快線穿梭巴士等服務，相當舒適、快捷、方便。

■ 輕鐵
Light Rail Transport

新界西北區內的主要交通工具，全長36.15公里，方便周邊居民於元朗站、天水圍站、兆康站以及屯門站轉乘港鐵西鐵線。

地鐵購票通

單程票

香港地鐵是按距離收費，單程票分為大人、特惠2種，旅客可於任何港鐵站內的售票機購買；特惠票適用於3～11歲的小孩及65歲以上的老人，12歲以上的學生如使用單程票，均以大人車費計算。另外，港鐵東鐵線設有頭等車廂，若要乘坐需購買有效的頭等單程票，或是已取得頭等確認的八達通卡，假如在刷卡入站區域被檢票員查獲未持有相應的票卡，須繳罰款HK$1,000。

八達通卡

全香港通用的電子儲值卡，與台北捷運的悠遊卡類似，用途十分廣泛，除了適用於香港大部分公共交通工具，如港鐵、巴士、渡輪等外，還可在部分零售商店購物及餐廳消費，而且很多地方如便利商店都可以加值，絕對是行走香港必備的工具。八達通卡可於港鐵沿線票務中心購買，分為租用版、銷售版2種，普遍香港人都是選租用版的，因為即使卡片壞了，也可以到票務中心退款，此外，使用八達通卡搭乘港鐵，車費會比一般單程票來得便宜。

遊客全日通

自車票售出當日起1個月內有效，旅客可選擇當中任何1天內(首次使用起計算24小時內)，無限次搭乘港鐵及輕鐵(機場快線、港鐵巴士、東鐵線頭等車廂、來往羅湖或落馬洲站除外)，可於港鐵沿線票務中心購買，大人每張HK$65、小孩(3～11歲)每張HK$30。

機場快線團體票

可於機場快線沿線票務中心購買，適用於指定的同行團體乘客，最多可供四人乘搭單程來往指定車站；以二人為例：香港往機場HK$170(每位平均價HK$85)、九龍往機場HK$150(每位平均價HK$75)、青衣往機場HK$100(每位平均價HK$50)。

八達通	租用版			銷售版
類別	小孩	大人	老人	小孩／大人
價格	HK$70	HK$150	HK$70	各樣式不同
其後儲值額	HK$50之倍數			
退卡手續費	90天內退卡需HK$9，90天後免費			不可退還
備註	內含押金HK$50，其餘為可使用金額			不含押金

▲地鐵站內的出口指標

37

購買地鐵票

購買單程票

Step 1 在地鐵站內找「單程票售票機」

投放硬幣、鈔票
出票口、找零
觸控式螢幕

Step 2 選擇目的地

Step 3 選擇票種、數量

Step 4 放入硬幣、鈔票注

注：50元紙幣只適用於總額超過30元的購票金額，而100元紙幣則適用於總額超過80元的購票金額。

Step 5 在下方拿取車票及找零

八達通卡加值

Step 1 在地鐵站內找「增值機」

八達通卡插放口
放入鈔票

Step 2 插入八達通卡

Step 3 螢幕顯示剩餘金額

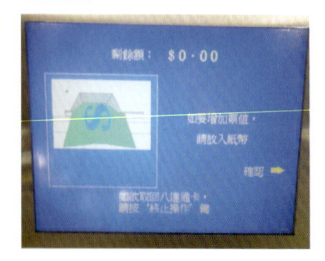

Step 4 放入鈔票(HK$50或HK$100紙幣)

Step 5 確認加值後餘額，按「確認」取回八達通卡

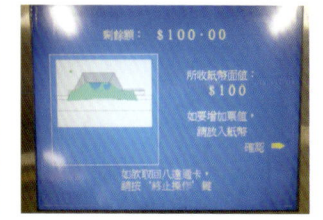

38

搭乘地鐵小撇步

避開尖峰時間

港鐵每日的搭乘人潮高峰，大約是上下班時間的早上8～10點、下午6～8點，不想和其他人擠地鐵的話，建議避開這兩段時間搭乘。

智慧車票

港鐵在2013年底已經逐步停止磁條車票的發售，現行單程車票已改為智慧卡設計，採用「感應入站、插票出站」的方式使用，為避免車票失效，請勿將2張票卡(或其他智慧卡片)同時觸碰收費器。

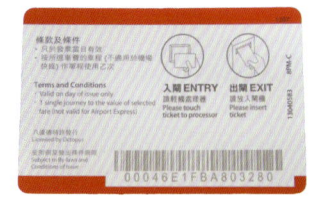

港鐵特惠站

在路上看到「港鐵特惠站」的機器，用大人八達通卡，感應右下方黃色刷卡位置，就可享有於指定的港鐵站入站搭乘，節省HK$2的優惠。

查詢「港鐵特惠站」位置
www.mtr.com.hk
進入網頁，依序點入：
主頁→車票及車費→特別計畫→港鐵特惠站

地鐵站內不可飲食

和台灣的捷運一樣，站內和車廂內請勿飲食。

尖沙咀站、尖東站需出站後轉乘

港鐵的尖沙咀站、尖東站，這兩站之間，需要先刷卡出站，通過行人地下道連接，之後再刷卡入站，車費會重新計算，建議可於其他轉乘站換線，例如九龍塘、美孚或南昌站等，以節省時間及車費。

全港65個港鐵站都有洗手間

昔日的港鐵站洗手間確實是非常罕見，但隨著港鐵翻新及智能化洗手間入駐後，全港65個港鐵站都設有洗手間。
reurl.cc/kME3yK

留意末班車發車時間

港鐵各線的末班車時間約為凌晨1點，但有可能無法轉乘其他路線，建議旅客要注意所需轉乘路線的末班車發車時間，免得無車可搭，轉搭計程車費用較高。

旅客服務中心

位於港鐵金鐘站、羅湖站、紅磡站、落馬洲站及機場站，有多種類的港鐵套票、主題公園門票及港澳觀光遊票券等供遊客選購，有需要時可前往詢問購買。

▲連接地鐵尖沙咀站、尖東站的自動行人步道

香港地鐵快易通 地鐵發展史 地鐵購票通 購買地鐵票 搭乘地鐵小撇步 行程規畫 香港地鐵圖

香港旅遊行程規畫

建議用地鐵路線、島嶼等分區的方式來規畫行程，盡量將相近的景點放在同一天去，玩起來會比較順，而且也可以節省車費及時間，以下是香港的精華行程安排，提供給大家參考，再依照喜好自由組合修改，輕鬆地編排出自己喜歡的行程，馬上成為香港旅遊達人！

3天2夜 (Day 1 從中午開始)

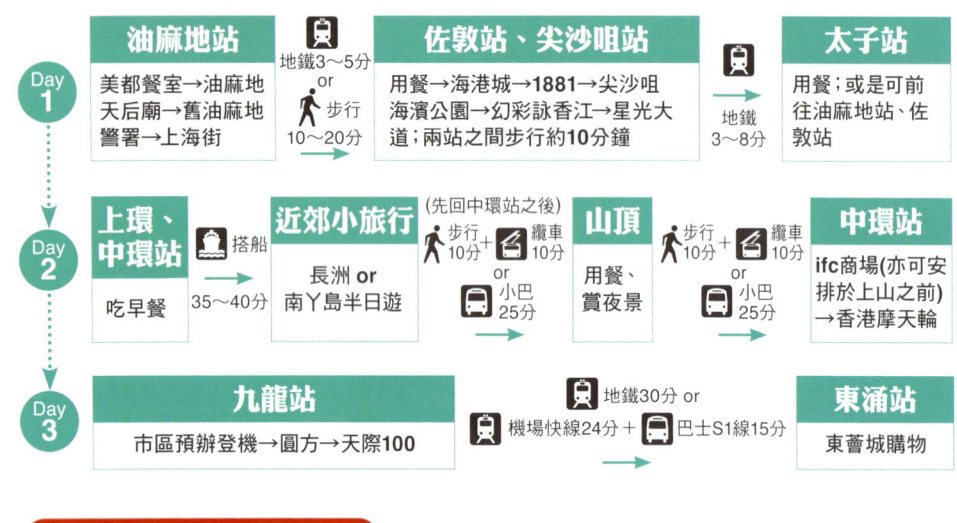

Day 1

油麻地站	→ (地鐵3～5分 or 步行10～20分) →	佐敦站、尖沙咀站	→ (地鐵3～8分) →	太子站
美都餐室→油麻地天后廟→舊油麻地警署→上海街		用餐→海港城→1881→尖沙咀海濱公園→幻彩詠香江→星光大道；兩站之間步行約10分鐘		用餐；或是可前往油麻地站、佐敦站

Day 2

上環、中環站	→ (搭船35～40分) →	近郊小旅行	(先回中環站之後) 步行10分 + 纜車10分 or 小巴25分	山頂	步行10分 + 纜車10分 or 小巴25分	中環站
吃早餐		長洲 or 南丫島半日遊		用餐、賞夜景		ifc商場 (亦可安排於上山之前)→香港摩天輪

Day 3

九龍站	→ 地鐵30分 or 機場快線24分 + 巴士S1線15分 →	東涌站
市區預辦登機→圓方→天際100		東薈城購物

3天2夜 (Day 1 從下午開始)

Day 1

深水埗站
大南街→美荷樓→鴨寮街→愛文生(晚上)；可在景點中間安排用餐

Day 2

灣仔站	→ 步行10分 →	銅鑼灣站	→ 巴士10分 →	赤柱	(先回銅鑼灣站) 電車26分 or 地鐵7分	中環站
檀島咖啡餅店→太原街市集→藍屋→再興燒臘飯店		鵝頸橋打小人；從赤柱回來後，可安排至本站用餐逛街		逛街、看日落		香港摩天輪→蘭桂坊

Day 3

九龍／香港站	→ 地鐵30分 or 機場快線24分 + 巴士S1線15分 →	東涌站
市區預辦登機		昂坪360纜車周邊景點→大澳黃昏水上之旅

註：市區預辦登機以服務機場快線的乘客為主，例如以八達通卡搭乘機場快線往機場時，車費將於預辦登機時預先扣除；若搭飛機前要至東涌站，可先搭機場快線至機場站，再轉乘S1號巴士前往，較節省車費。

4天3夜 (Day 1 從中午開始)

Day 1: 太子站（花墟、金魚街、雀鳥公園）→ 步行10分 → 旺角站（周邊購物、用餐）→ 地鐵7分 → 尖沙咀站（周邊景點、購物、用餐）→ 地鐵3~5分 or 步行10~20分 → 油麻地站/佐敦站（周邊景點、購物、用餐；兩站之間步行約11分鐘）

Day 2: 北角站（德成號→鳳城酒家→春秧街）→ 地鐵7分 or 電車20分 → 銅鑼灣站（周邊景點、購物、用餐）→ 地鐵7分 or 電車26分 → 中環站（蘭桂坊）

Day 3: 中環站（早餐→中環附近景點→國際金融中心）→ 地鐵5~7分 or 電車18~25分 → 銅鑼灣／灣仔站（周邊景點、購物、用餐；兩站之間步行約16分鐘）

Day 4: 九龍站（市區預辦登機→圓方→天際100）→ 地鐵30分 or 機場快線24分 + 巴士S1線15分 → 東涌站（東薈城購物）

香港地鐵快易通　地鐵發展史　地鐵購票通　購買地鐵票　搭乘地鐵小撇步　行程規畫　香港地鐵圖

41

4天3夜 (Day 1 從下午開始)

Day 1
- **黃大仙站**：嗇色園黃大仙祠
- 地鐵9〜11分 →
- **太子站、旺角站**：花園街→波鞋街→女人街→朗豪坊；兩站之間步行約10分鐘
- 地鐵7〜8分 →
- **尖沙咀站**：周邊景點、購物、用餐
- 地鐵5分 →
- **油麻地站**：用餐→廟街夜市

Day 2
- **上環站**：蓮香居→海味街→摩囉街→文武廟→PoHo區
- 步行10分 →
- **中環站**：PMQ元創方→NoHo區→住好啲G.O.D→砵典乍街→山頂纜車(日落之前)
- 纜車10分 →
- **山頂**：看日落、賞夜景
- 纜車10分 →
- **中環站**：香港摩天輪→蘭桂坊

Day 3
- **深水埗站**：早餐
  - 地鐵29分 → **迪士尼站**：迪士尼樂園
  - 地鐵18分 → **海洋公園站**：海洋公園

Day 4
- **香港站**：市區預辦登機
- 步行10分 →
- **中環站**：周邊景點、購物、用餐
  - 地鐵5〜7分 or 電車18〜25分 → **銅鑼灣站／灣仔站**：周邊景點、購物；兩站之間步行約16分鐘
  - 地鐵13分 or 電車45分 → **北角站**：周邊景點、用餐

43

搭地鐵玩遍
香港

香港地鐵分站導覽

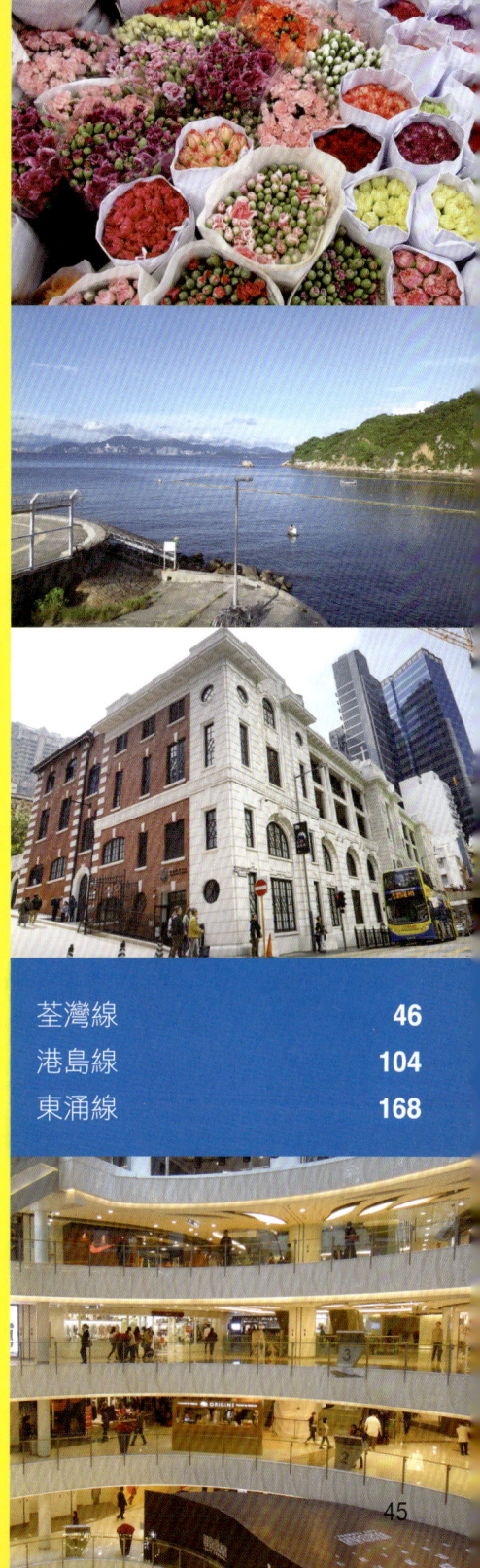

在香港最方便快捷的公共交通工具就是地鐵，即使是第一次來香港，只要了解這裡的地鐵系統，就可以將香港輕鬆玩透透，接下來我挑選了香港最好玩、最好買、最好吃的地鐵站介紹給大家，只要帶著這本旅遊書，不用準備、立刻出發，你也可以成為香港旅遊達人！

荃灣線	46
港島線	104
東涌線	168

荃灣線
Tsuen Wan Line

九龍頂尖的黃金商業區

尖沙咀站
Tsim Sha Tsui

太子站	旺角站	油麻地站	佐敦站	尖沙咀站	金鐘站	中環站

←荃灣站

觀塘線　觀塘線　觀塘線　　　　西鐵線　港島線 南港島線　港島線 東涌線 機場快綫

(出剔票口後，通過地下步道轉乘)

終點站

46

尖沙咀站周邊街道圖

香港地鐵：荃灣線

尖沙咀站 ↓ 佐敦站 ↓ 油麻地站 ↓ 旺角站 ↓ 太子站 ↓ 深水埗站 ↓ 葵芳站

即使沒到過香港，也一定聽說過「尖沙咀」，這裡是香港的重點旅遊區，位於九龍半島西面、維多利亞港旁。眾多購物商場集中於此，從年輕路線的潮流品牌，到高檔次的時尚精品，都可以在這區找到，愛購物的人絕對會滿載而歸；倘若對血拼購物不感興趣，本區也有不少富有歷史文化的景點可參觀，也是觀賞維多利亞港美景的好地方。此外，這一帶的酒店及賓館業都相對興盛，餐飲店家也特別多，凌晨時分也能品嘗到港式美食，還有眾多酒吧的熱鬧夜生活，本地人下班後會和三五知己來這裡品酒聊天，是除了中環蘭桂坊(P.129)之外的不錯選擇！

47

香港達人 HongKong
3大推薦地

遊客必訪
尖沙咀海濱公園
這裡是欣賞維多利亞港和「幻彩詠香江」的最佳位置，旅客絕對非去不可！(見P.48)

作者最愛
紅茶 RED TEA
分店多，推出食品能夠保證水準，作者是長期顧客。(見P.55)

在地人首推
富豪雪糕車
每個香港人都必定吃過的軟雪糕，是深深印在香港人腦海中的經典！(見P.56)

觀賞幻彩詠香江的最佳位置
尖沙咀海濱公園
MAP P.47／C3
出地鐵站步行約8分鐘

DATA

九龍尖沙咀海邊 ⏰24小時 💰免費開放 🚇往港鐵尖沙咀站L6出口方向，不要上到路面，直接走出口旁邊的行人地下道前往香港文化中心，再向右步行至鐘樓，全程約8分鐘即可抵達

又名尖沙咀海濱長廊，全長約2公里的觀景步道，西面由天星碼頭出發，步行約20分鐘便可抵達尖東，沿途能夠清楚飽覽維多利亞港的景色，亦是觀看「幻彩詠香江」演出的絕佳位置；公園內還有多個景點，例如：鐘樓、香港文化中心、香港太空館、香港藝術館和星光大道等，鐘樓一帶在1915年是九廣鐵路的尖沙咀火車總站，總站於1978年拆除，在市民的要求聲中，車站鐘樓被保留下來，成為香港人的集體回憶。

幻彩詠香江
列入金氏世界紀錄、全球最大型的音樂燈光秀，自2004年開始，每晚8點結合維多利亞港兩岸、共47座摩天大樓及地標參與演出，碰上特別節慶，如：除夕倒數、新春煙火等，更是會擠滿前來觀看的人群。

最佳欣賞地點為尖沙咀海濱公園，亦可於太平山山頂(P.130)觀賞 每天晚上20:00，每次約14分鐘 2508-1234 www.tourism.gov.hk

48

享受百年奢華的浪漫氛圍
1881

MAP P.47／B3
出地鐵站
步行約5分鐘

DATA

www.1881heritage.com　九龍尖沙咀廣東道2A　2926-8000
免費開放　往港鐵尖沙咀站L6出口方向，不要上到路面，直接走出口旁邊的行人地下道前往，全程約5分鐘即可抵達

這裡已經有超過130年歷史，是充滿維多利亞時代風格的建築群，1881年至1996年為香港水警總部，由於極有歷史意義，所以被列為香港的法定古蹟，2003年財團取得發展權，規畫成為包含酒店、高級餐廳及名品店的綜合商場；在廣場中央經常都會放著不同的巨形裝飾，每到晚上，這裡的古舊風格配上淡黃的燈光，更凸顯浪漫氣氛，絕對是遊人必到的攝影勝地。

香港影壇的耀眼焦點
星光大道

MAP P.47／D3
出地鐵站
步行約5分鐘

DATA

九龍尖沙咀星光大道　免費開放　**1.** 從港鐵尖沙咀站L3出口，前行於彌敦道右轉，直走過梳士巴利道後，往左前方直走，全程約5分鐘即可抵達　**2.** 從港鐵尖東站J出口，按指標步行約3分鐘即可抵達

▼ 港星成龍(上)、張曼玉(下)的手印

仿效美國好萊塢的星光大道，以表揚對香港電影業有重大貢獻的傑出人士，超過百位電影名人的掌印鑲嵌在欄杆上，包括：梁朝偉、劉德華、周潤發、成龍、張國榮、張學友、梅艷芳、林青霞、張曼玉等，每位都曾參演過無數香港電影。星光大道於2019年經國際建築師James Corner領導下重新設計和翻新，新的木欄杆呈波浪形態，行人步道更加寬闊，人們可以靠在欄杆上欣賞維多利亞港的美景。大道上還豎立了3座大型銅像，有已故的影歌視天后梅艷芳，和一代武打巨星李小龍，紀念這兩位在國際上的驚人成就。另外則是首位擠身星光大道的香港卡通明星麥兜，可愛的造型吸引很多家長帶小朋友來合照留念。

▲ 在星光大道近尖東站方向有咖啡店和餐廳給旅客坐下來欣賞維港景色

香港地鐵：荃灣線

尖沙咀站 ↓ 佐敦站 ↓ 油麻地站 ↓ 旺角站 ↓ 太子站 ↓ 深水埗站 ↓ 葵芳站

49

五湖四海大本營
重慶大廈

MAP P.47/C2
出地鐵站
步行約1分鐘

DATA

九龍尖沙咀彌敦道36-44號　從港鐵尖沙咀站N5出口前行，於彌敦道左轉步行約1分鐘即可抵達

在大多數人的心中，這裡就好像跟恐怖畫上等號，即使沒去過也能從別人口中得知，就連導演王家衛都看上這裡龍蛇雜處的獨有味道，在此拍攝電影《重慶森林》。經過統計，高17層、有770戶的重慶大廈，有多達120個不同國籍的人士會在此出沒，居住及做生意的就有4,000多人，大多是商人、勞工及申請政治庇護的逃難者，以印度、巴基斯坦和非洲人為主，其獨特性曾獲美國時代雜誌評選為「亞洲最能體現全球一體化的例子」。這裡的旅館以租金便宜著稱，很多歐美的旅遊指南都大力推薦，是背包客的天堂，但我個人建議，女生們還是住酒店、商務旅館比較安心；除了旅館外，底層商場還有很多找換店(換錢所)、電訊公司、東南亞特色超市及餐廳等等。

欣賞維多利亞港的祕密基地
海運觀點

MAP P.47/A3
出地鐵站
步行約10分鐘

DATA

九龍尖沙咀海港城海運大廈5樓(頂層)　07:00～00:00　從港鐵尖沙咀站A1出口，往右轉沿海防道前行，到達海港城(P.51)再依指標走，全程約走10分鐘即可抵達

「海運觀點」是海港城海運大廈新擴建大樓頂層的觀景台，剛好相連了小時候爸爸帶我去的私房景點「海運大廈露天停車場」。新觀景台有2個活動空間，右邊是草坪平台，遊人可以在草地上慢步；左邊面對維多利亞港，重點是三面環海，擁有270度廣闊景觀，是欣賞日落煙花最佳位置。觀景台平日會免費開放，在有煙火施放的特別日子，會會劃為持票觀賞區，門票的換領方法，大致是於所在商場消費滿指定金額，再捐款給慈善機構獲取；如果是攝影愛好者，比較推薦黃昏時來這裡拍攝日落，享受畫夜之間的美麗景色。

上千品牌、血拼首推
海港城

MAP P.47/B2
出地鐵站
步行約6分鐘

DATA

www.harbourcity.com.hk　九龍尖沙咀廣東道3-27號
2118-8666　10:00～22:00(各店相異)　從港鐵尖沙咀站A1出口,往右轉沿海防道前行,全程約走6分鐘即可抵達

目前香港最大型的購物中心,面積達20萬平方公尺,擁有各類型商店多達450間,包括50多家餐廳和2間電影院。購物區主要以港威商場、海洋中心和海運大廈為主,網羅了超過千個的時尚服裝、美容護理、珠寶鐘錶及生活潮流等國際品牌,令人目不暇給,絕對是女士們血拼的首選戰場!還有男士們最愛的影音器材和電子產品;專為兒童設置、販售兒童服飾及玩具等的商區;適合一家老少的體育用品,內容極為多元化。海運大廈兩旁可以停泊大型油輪和船隻,之前美國軍艦訪港就是在這裡靠岸,此外這裡擁有觀賞維多利亞港的最佳位置,於海運大廈內的多間餐廳,能夠一邊用餐,一邊欣賞維多利亞港美景,實在非常寫意。

位處尖沙咀、佐敦站交通便捷
美麗華廣場

MAP P.47/C1
出地鐵站
步行約3分鐘

DATA

www.miraplace.com.hk　九龍尖沙咀彌敦道118-132號　2315-5868　11:00～23:00(各店相異)　從港鐵尖沙咀站B1出口,右轉沿彌敦道往佐敦方向直走,全程約走3分鐘即可抵達

2座大廈中間有天橋連接,裡面包含酒店、辦公室和購物中心於一體,位處尖沙咀站和佐敦站中間,交通非常便捷,商場空間寬闊設計富時尚感,而且亞洲潮流商店以至國際知名品牌都一應俱全,大多都是販售一些最貼近流行的新款商品,是尖沙咀不錯逛的選擇。

香港地鐵:荃灣線

尖沙咀站 → 佐敦站 → 油麻地站 → 旺角站 → 太子站 → 深水埗站 → 葵芳站

51

精緻逼真的香港模型
TINY微影

MAP P.47/C1
出地鐵站
步行約3分鐘

DATA
九龍尖沙咀彌敦道132號美麗華廣場1期235號舖 ☎3594-6585 🕐11:00～21:00 🚇從港鐵尖沙咀站B1出口，右轉沿彌敦道往佐敦方向直走，到達美麗華廣場(P.51)再依指標走，全程約走3分鐘即可抵達

　　TINY微影是專門設計有香港特色的玩具品牌，他們出產的商品都帶有滿滿的香港情懷，模型按照不同的比例去製造，分別有1/18，1/43，1/64等；平日在香港街道上經常看到的各式交通工具、街道、建築、店舖等，都一一被縮小製作出來，每一件做工都非常細緻逼真，加上他們設計的燈光電子系統，每個人都可以把心中的香港拼砌出來。這裡的商品小巧別致，充滿特色，非常適合當作伴手禮，收到的朋友必定愛不釋手！

親民居家的澳洲品牌服飾
COTTON ON

MAP P.47/D1
出地鐵站
步行約5分鐘

DATA
🌐cottonon.com 📍九龍尖沙咀加連威老道42號 ☎2367-2190 🕐11:00～23:00 🚇從港鐵尖沙咀站B1出口，右轉沿彌敦道往佐敦方向直走，到達加連威老道的路口右轉，全程約5分鐘即可抵達

　　來自澳洲的時裝品牌，價格比較親民，主打休閒風的街頭時裝，款式多樣化且價位便宜，在台灣還沒有分店，我的很多台灣朋友逛過後也大讚很好買，還將這裡列入他們的香港必逛名單。在尖沙咀高4層樓的旗艦店，除了有主線的休閒服飾，還有旗下的女性居家貼身服飾品牌BODY，包括睡衣、內衣、泳衣及運動服等；主攻嬰兒至8歲以下小孩服飾的KIDS，舒適與可愛兼備，最後還有販售鞋子以及飾品配件的品牌RUBI，喜歡簡單舒適穿搭的朋友，小心在這裡買到失控！

1 款式眾多的休閒T-shirt **2** 各樓層有專屬商品類別，方便顧客選購 **3** HK$100多起的單品，相當實惠划算

毗鄰維港的潮流地標
K11人文購物藝術館

MAP P.47/D3
在地鐵站出口出站即到

DATA

www.k11musea.com　九龍尖沙咀梳士巴利道18號　3892-3890　10:00~22:00(各店相異)　從港鐵尖沙咀站/尖東站J出口即可抵達

　　K11 MUSEA毗鄰維多利亞港，於2019年開幕，是K11集團耗資26億美元所興建，是超過百位藝術家、建築師、設計師和環境保護專家共同塑造的心血結晶，館內的大型藝術裝置，建築內外設有大量綠化空間，在香港這個寸土寸金的城市，是相當新穎的設計。命名靈感來自「海邊的靈感繆斯」，期望透過創意、文化及創新的力量，令顧客的生活更多采多姿，打造世界級文化及藝術地標。館方透過不斷引入博物館級藝術品，舉辦藝術展覽、音樂及文化活動，令來這裡的顧客不單止是逛街購物，亦可以感受到不一樣的藝術氛圍。

1 不少父母帶同子女駐足欣賞藝術品　2 Sterling Ruby《CDCR》　3 大樓外觀相當富時代感　4 掛在商場中庭位置，塩田千春《I hope…》　5 陳天灼《Asian Dope Boys》　6 館內的MoMA Design Store專售知名設計師的商品

香港地鐵：荃灣線

尖沙咀站 ↓ 佐敦站 ↓ 油麻地站 ↓ 旺角站 ↓ 太子站 ↓ 深水埗站 ↓ 葵芳站

便宜藥妝補給站
龍城大藥房

MAP P.47／C1
出地鐵站
步行約5分鐘

DATA

📧 九龍尖沙咀加連威老道28號 📞 2367-9279、2367-9274 🕐 週一～六10:30～22:00，週日10:30～21:00 💲 只收港幣、人民幣現金，不收信用卡 ➡ 從港鐵尖沙咀站B1出口，右轉沿彌敦道往佐敦方向直走，到達加連威老道的路口右轉，全程約走5分鐘即可抵達 ℹ 建議中午前去，可稍微避開購物人潮，逛得舒適一點

　　位於加連威老道上，是一家歷史相當悠久的藥房，更是相當有名氣的藥妝超市。販售的東西五花八門，從面膜、藥油藥膏、護膚品、彩妝到頭髮造型商品都一應俱全，單品種類亦相當之多，光是一種產品就有十幾個品牌可供選擇，通通都是正貨，而且定價一般都比外面來得便宜，來到這裡必定會殺紅了眼！另外，店家都會把價錢標在商品上，還有在購買前必定要看看使用日期，確保沒有變質，價格較高的商品都會放在櫃檯內，需要時可向店員查詢。不得不提的是，這裡只收港幣和人民幣，不收信用卡，所以來之前必定要帶足夠現金！

超人氣伴手禮餅乾
珍妮曲奇聰明小熊

MAP P.47／C2
出地鐵站
步行約1分鐘

DATA

🌐 www.jennybakery.com 📧 九龍尖沙咀彌敦道54-64號美麗都大廈1樓42室 📞 2311-8070 🕐 10:00～19:00 💲 每人均消HK$100以下 ➡ 從港鐵尖沙咀站N5出口，全程約走1分鐘即可抵達 ℹ 餅乾極為鬆化，務必放在手提行李，避免託運影響外觀，尖沙咀店的人潮較多，建議也可去中環店(P.117／A1)購買

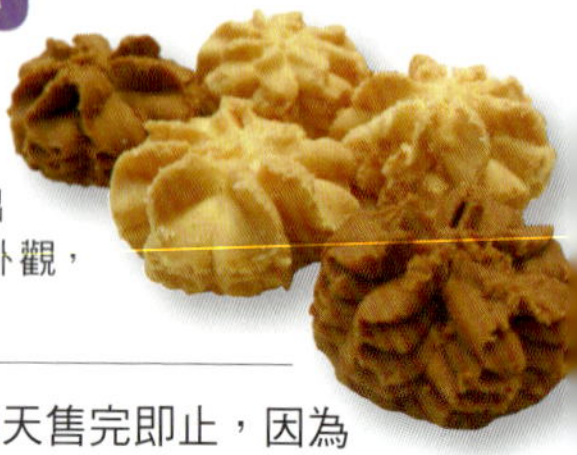

　　口碑極高的人氣手工曲奇(餅乾)，為保持足夠的新鮮度，所以不能預訂，每天售完即止，因為盒子精美，印上可愛的小熊圖案，所以又稱為「小熊餅乾」。本來只是一家小小的餅乾坊，因為餅乾非常好吃，奶油味香濃、入口即鬆化，經網路上廣傳之後迅速爆紅，吸引大量旅客慕名而來；由於銷售數量有限，每天還沒營業時，門口就會出現長長的排隊人龍，為了求得一餅就要排上數小時，絕對是非買不可的超人氣伴手禮。餅乾有4味奶油和8味果仁的大盒、小盒裝，前者口感鬆化，而後者則是軟硬兼具，我個人推薦4味奶油曲奇，但是在一餅難求之下，必定2款口味都要買到！

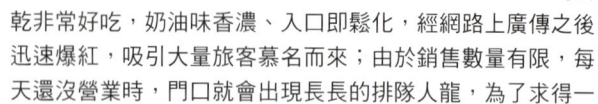

必嚐米其林推薦街頭小吃
媽咪雞蛋仔

特色美食

MAP P.47／B3
出地鐵站 步行約11分鐘

DATA

🌐 www.mammypancake.com.hk　📍 九龍尖沙咀梳士巴利道天星碼頭地下KP-13，29 & 30鋪　🕐 週一～日11:00～22:30　💰 每人均消HK$50以下　➡ 往港鐵尖沙咀站L6出口方向，不要上到路面，直接走出口旁邊的行人地下道前往1881(P.49)，再沿梳士巴利道向前步行至天星碼頭，全程約走11分鐘即可抵達

總店設於紅磡區，近年發展迅速，在多處人流旺盛的地區開設加盟店，憑著味道好和創新，備受在地人歡迎，更獲米其林指南評為街頭推薦小吃，所以現在已經成為非常炙手可熱的小食店之一，每次來到店外，必定站滿慕名而來的顧客。除了原味外這裡有多款口味的雞蛋仔可供選擇，例如白芝麻、抹茶紅豆、肉鬆芝麻、咖啡、芝士等不同創新的口味，我個人比較喜歡粒粒巧克力，每粒雞蛋仔中間都加入了巧克力粒，令人一試上癮！

港式連鎖茶餐廳代表
紅茶RED TEA

特色美食

MAP P.47／C2
出地鐵站 步行約1分鐘

DATA

📍 香港尖沙咀金馬倫道7B號　📞 6229-1838　🕐 週一～日07:00～22:00　💰 每人均消HK$80以下　➡ 從港鐵尖沙咀站B2出口，沿金馬倫道直走，全程約1分鐘即可抵達

紅茶RED TEA憑藉港式風味，食品多樣，店面光潔等元素，不僅當地人喜愛光顧，遊客也常常前往體驗，更在網上引起一陣風潮，成為不少內地網紅的打卡名店，一躍成為了香港連鎖茶餐廳代表。沙嗲牛肉麵、嫩滑炒蛋搭配丹麥酥，更是日賣過千份的招牌，各式各樣的自製包點，如蛋撻、流沙雞尾包、菠蘿包等保證新鮮出爐，無論早餐、下午茶，還是晚餐，這裡總能找到你喜愛的港式風味。

香港地鐵：荃灣線

尖沙咀站 → 佐敦站 → 油麻地站 → 旺角站 → 太子站 → 深水埗站 → 葵芳站

特色美食
香港人的集體回憶
富豪雪糕車

MAP P.47／B2
出地鐵站
步行約5分鐘

DATA

◎最常出現在尖沙咀的天星碼頭、海防道、北京道等地 ◎不固定，以白天為主 ❺每人均消HK$20以下 ➡從港鐵尖沙咀站A1出口，往右後方轉沿海防道步行約5分鐘即可抵達

這是伴隨香港人成長的一個經典，自1970年從英國引進至今，每輛車都保留著以往的設計，藍色車頂、紅色車頭、白色車身，搭配音樂盒般的招牌配樂《藍色多瑙河》，穿梭於港九新界各個地區。他們販售4款產品，分別是果仁甜筒、蓮花杯、珍寶橙冰和香草口味的軟雪糕，但香港政府對於雪糕車的衛生有嚴格控管，每輛車只可以設一台軟雪糕機和2個冰箱，所以只能供應一種口味，而且1978年起已經停止發出新的流動小販牌照，令雪糕車也一直維持著14輛的規模，主要出現在繁華的鬧市，有幸遇到的話，絕對要試試這種香港的味道！

休閒娛樂
異國風情、九龍蘭桂坊
諾士佛臺

MAP P.47／C1
出地鐵站
步行約5分鐘

DATA

◎九龍尖沙咀諾士佛臺 ◎12:00～凌晨01:00(各店相異) ❺每人均消HK$200以下 ➡從港鐵尖沙咀站B1出口右轉，沿彌敦道前行至金巴利道右轉，靠左沿路前行至金巴利道25號，於左邊的小斜坡步行上去，全程約走5分鐘即可抵達

尖沙咀彌敦道以東一帶的棉登徑、寶勒巷、赫德道、天文臺道周邊，有很多酒吧會所，是本地人最愛去飲酒休閒的地方，其中以短短的一段諾士佛臺最為熱鬧，更有「九龍蘭桂坊」之稱。這裡以特色酒吧和餐廳聞名，多國的美酒佳餚就隱藏在這小巷弄中，可算是別有洞天，聚集西班牙、義大利、法國、德國、墨西哥、日本、中東、泰國等的特色餐廳，選擇極多，當中不少餐廳還設有露天座位，異國情調十足！每到傍晚時分這裡就會人潮洶湧，三五知己把酒言歡，隨著音樂歌聲一直到凌晨，越夜越熱鬧！

1 連接諾士佛臺、金巴利道的樓梯　2 3 露天座位的設置，讓這裡更有異國氣氛

順遊景點

港鐵九龍站

　　港鐵東涌線、機場快線交會的九龍站周邊，與尖沙咀站和佐敦站是相鄰的區域，雖然自成一角，但亦可安排順遊。九龍站上方，發展成高級住宅、辦公室和酒店聚集的區域，相連的商場也走豪華高檔路線，此外九龍站還有機場快線的預辦登機櫃位，對外國遊客來說相當方便，也可以多加利用。

DATA

➊ 1.往港鐵尖沙咀站L5出口方向，不要上到路面，直接走出口旁邊的行人地下道前往北京道1號，於九龍公園徑（北京道1號旁邊）的候車處，搭乘綠色專線小巴77M前往，車程約10分鐘即可抵達 2.搭地鐵前往，尖沙咀站→中環站（連接通道）→香港站→九龍站，約需15分鐘

全港最高室內觀景臺
天際100

MAP P.57／中
出地鐵站步行約3分鐘

DATA

🌐 www.sky100.com.hk/tc　📍九龍尖沙咀柯士甸道西1號環球貿易廣場　📞2613-3888　🕙10:00～20:00，最後入場時間為關門前半小時　💰大人HK$178，小孩（3～11歲）、老人（65歲以上）HK$124，幼兒（3歲以下）免費　🚇從港鐵九龍站C1、C2出口，有通道連接至圓方，往金區2樓步行約3分鐘即可抵達　⚠ 有時被預訂作私人活動場地，不對外開放，建議先上官網查詢相關資訊

　　位於全香港最高的環球貿易廣場100樓，海拔高393公尺，能夠360度俯瞰維多利亞港兩岸景色的觀景臺，是太平山山頂（P.130）外的好選擇。100樓設有餐廳，提供點心和飲料，讓旅客在這裡放鬆休息、欣賞美景；而交通亦很方便，除港鐵外，乘坐小巴往來尖沙咀只不過10分鐘左右，這裡還有全香港最快的雙層電梯，由2樓至100樓只需60秒時間，極之快速。

香港地鐵：荃灣線

尖沙咀站 ↓ 佐敦站 ↓ 油麻地站 ↓ 旺角站 ↓ 太子站 ↓ 深水埗站 ↓ 葵芳站

57

西九文化區

慢步、騎單車，賞維港美景

遊賞去處

MAP P.57／左
出地鐵站步行約15分鐘

DATA
http www.westkowloon.hk ✉九龍西九文化區 ☎2200-0217 ⏰06:00～23:00 $免費開放 ➊.從港鐵九龍站D1出口，出站後，使用扶手電梯往1樓，跟從路標指示前往ELEMENTS圓方金區2樓的藝術廣場天橋出口。橫過行人天橋後，全程約10分鐘即可抵達。➋.從港鐵九龍站E4出口：沿雅翔道步行至博物館道，全程約15分鐘即可抵達

　　如果要在市區裡找一個可以欣賞維多利亞港美景，又可以輕鬆愜意地散步、野餐、騎單車的地方，我一定會向你推薦這裡。鄰近熱鬧的尖沙咀，從九龍站走到入口也只需10分鐘的腳程。各項中心介紹如下：

● **M+：** 為全球數一數二的視覺文化博物館，館內展示出8000件的藝術展品，大多是20及21世紀的作品，當中涵蓋視覺藝術、流動影像、設計及建築等，還有不少期間限定的特別展覽，例如日本知名藝術家草間彌生的作品展。

● **藝術公園：** 沿着步行道走就可以看到綠草如茵的藝術公園，不少人會選擇在這野餐享受陽光，而在海濱長廊旁邊，有多間餐廳、咖啡室和輕食店，是欣賞日落景色的好地方。

● **香港故宮文化博物館：** 在西九文化區的中心位置，有一座造型奇特的大型建築，這就是香港故宮文化博物館，設計柔和

M+
視覺文化博物館
http www.mplus.org.hk ✉九龍博物館道38號 ⏰週二～四、六、日10:00～18:00，週五10:00～22:00，最後入場時間為關門前半小時 休週一 $標準展覽：大人HK$120，小孩（7～11歲）、老人（60歲以上）HK$60，幼童（6歲以下）免費

香港故宮
文化博物館
http www.hkpm.org.hk ✉九龍博物館道8號 ⏰週一、三、四、日10:00～18:00，週五、六及公眾假期10:00～20:00 休週二（公眾假期除外），曆年初一及年初二 $標準展覽：大人HK$90，小孩（7～11歲）、老人（60歲以上）HK$45，幼童（6歲以下）免費

了中國傳統建築布局與現代美學，博物館展示來自故宮博物院和世界其他重要文化機構的珍貴藏品。

- **西九演藝中心：**鄰近柯士甸站還有一個大型的文娛場地——演藝中心，提供了粵劇、現代音樂、中國舞蹈等的藝文活動，目前尚在建設中，預定2025～2026年完工。

- **悠遊西九：**在西九文化區西閘入口旁邊，有一個自行車租賃服務，讓人可在無敵的維多利亞港景致前騎單車，感覺相當舒適寫意。隨著黃昏時分，天空泛起彩霞，兩旁的路燈徐徐亮起，浪漫氣氛濃厚，是市區裡情侶們約會的好去處。

「悠遊西九」自行車租賃服務

www.westk.hk/tc/smart-bike　週二～五14:00～18:30，週六、日及公眾假期10:00～18:30，最後租車時間為17:30　休 週一　每小時HK$30

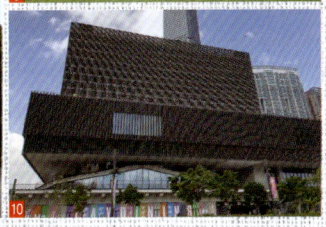

香港地鐵：荃灣線
尖沙咀站→佐敦站→油麻地站→旺角站→太子站→深水埗站→葵芳站

1 絕佳的野餐地點　2 坐在這裡能待上一個下午　3 黃昏時分景色浪漫　4 小朋友有廣闊的空間可以跑動　5 坐擁美景的西餐廳　6 自由空間　7 西九文化區管理局大樓　8 園區寬廣、遠景優雅宜人　9 香港故宮文化博物館　10 M+視覺文化博物館

高貴氣派的購物商場
圓方

MAP P.57／右　在地鐵站出口出站即到

DATA

www.elementshk.com　九龍尖沙咀柯士甸道西1號　2735-5234　10:00～22:00(各店相異)　從港鐵九龍站C1、C2出口即可抵達

位於九龍站上方的大型購物中心，和周邊商場一樣走較高級的路線。商場占地逾百萬呎(約3萬坪)，購物空間相當廣闊，運用中國五行元素：金、木、水、火、土為主題劃分區域，包含了電影院和真雪溜冰場，這裡匯集很多國際品牌，周邊配套設施也相當不錯，就連廁所裝潢也相當豪華。另一個特別之處，是這裡的人潮相對較少，可能因為遠離市區的關係，所以充滿著悠閒的感覺，沒有都市的繁囂和侷促。

59

荃灣線
Tsuen Wan Line

體驗在地生活的購物美食

佐敦站
Jordan

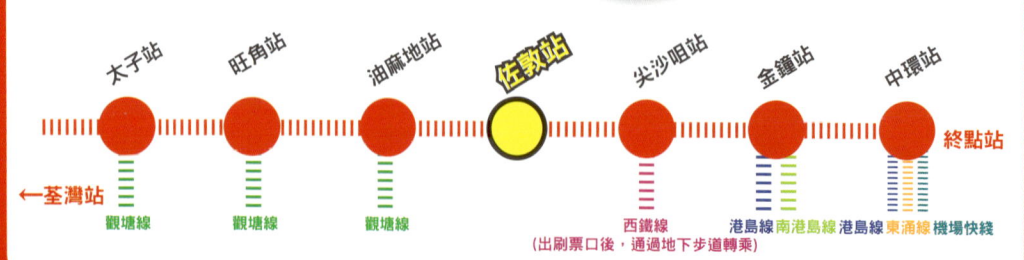

太子站　旺角站　油麻地站　佐敦站　尖沙咀站　金鐘站　中環站

終點站

←荃灣站

觀塘線　觀塘線　觀塘線　　　　西鐵線　港島線 南港島線　港島線 東涌線 機場快綫
　　　　　　　　　　　　　　（出刷票口後，通過地下步道轉乘）

佐敦站周邊街道圖

香港地鐵：荃灣線

尖沙咀站 → **佐敦站** → 油麻地站 → 旺角站 → 太子站 → 深水埗站 → 葵芳站

佐敦位於油麻地和尖沙咀之間，原名取自百年前的村名「官涌」，後來港鐵公司使用主要道路「佐敦道」的佐敦二字為站名，在約定俗成之下，也就將官涌稱作「佐敦」。這一帶以住宅及商廈為主，加上鄰近購物區尖沙咀，除了有一家販售中國貨的國貨公司，佐敦站附近的遊客購物點相對較少，倒是在地人常會去買東西的地方，如連接油麻地的廟街夜市，寶靈街的露天市集，這裡販售的商品以民生用品為主，價格亦相當大眾化。此外佐敦亦有不少美食名店，例如澳洲牛奶公司、義順牛奶公司等，是不能錯過的美食區！

61

香港達人 HongKong
3大推薦地

👍 遊客必訪
澳洲牛奶公司

被譽為史上最有效率的茶餐廳，招牌炒蛋滑溜順口，絕對是佐敦站的必吃名物。(見P.62)

👍 作者最愛
新興棧食家

即使是不愛吐魚刺骨頭的我，也被這裡的鮮味魚粥所吸引著。(見P.63)

👍 在地人首推
佳佳甜品

香港少數專賣傳統糖水的小店，價格平實、CP值極高，能夠品嘗舊日香港風味。(見P.65)

特色美食 | 美味出餐，快、狠、準

澳洲牛奶公司

MAP P.61／C3
出地鐵站
步行約1分鐘

DATA

✉ 九龍佐敦白加士街47-49號地下 ☏ 2730-1356 ⓒ 週一～三、五～日07:30～21:00 休 週四 $ 每人均消HK$50以下 ➡ 從港鐵佐敦站C2出口，沿寶靈街直行，於白加士街右轉前行，全程約1分鐘即可抵達

　　記得第一次光顧前，是被網上食評裡的照片所吸引，因為早已聽聞服務員效率高、質素好，但服務態度就較為遜色，所以不寄予厚望，在出發前我已經把餐牌背好，務求下單時沒有被臭臉的機會。店外總是排滿了長長人龍，店員會不時問及客人人數，以便分配座位，還運用奧妙技巧，把客人像「俄羅斯方塊」一樣塞滿全場座位；每位店員都帶著伶俐眼神，高速穿梭於窄小的通道之間，彷彿置身在冰上曲棍球的賽場，喧鬧聲不斷。

　　點餐時簡單對答，沒帶半點猶豫，顯然我的修煉沒有白費，約1分鐘餐點已火速送上，主角炒蛋做得嫩滑順喉，無可挑剔的美味，其他食物如烤吐司和叉燒湯意粉(義大利麵)，雖然算是水準中上，但已經被炒蛋完勝，快吃完時店員才主動下單點飲料，主要原因是餐桌太小，根本放不了！最後若還不夠滿足，可以試試招牌燉奶，奶味濃郁、口感香醇，據說有美顏功效，是不少女士的最愛。

1 動作超神的店員，上餐極為快速 **2** 務必記得！指明必點招牌炒蛋

62

港澳燉奶的權威名家
義順牛奶公司

MAP P.61／D3
出地鐵站
步行約1分鐘

DATA

📧 九龍佐敦庇利金街63號　📞 2730-2799　🕐 12:00～23:00
💰 每人均消HK$50以下　➡ 從港鐵佐敦站C2出口，右轉至庇利金街後前行，全程約1分鐘即可抵達

　來自澳門以招牌的雙皮燉奶和薑汁燉奶而馳名港澳地區，在兩地已經有多間分店，而設於佐敦的分店，剛好與附近的本地燉奶大哥澳洲牛奶公司來一場硬碰。若論人氣，澳洲牛奶公司確實占有極大優勢，但單看燉奶這方面，義順這個老字號功夫確實到家，如果只吃普通的茶餐當然不用來這裡，來這裡就一定要吃燉奶；雖然我不是金舌頭，但以個人感覺來說，義順的雙皮燉奶確實比較甜美濃郁，燉奶皮也比較厚實，水汪汪、滑溜溜，吃下去有強烈的奶味，而且還有巧克力和薑汁等多款口味選擇，冷熱都有供應，燉奶專家確實當之無愧。

1 口感滑溜的雙皮奶　**2** 冰花燉蛋

用料豐富、選擇多樣的鮮味魚粥
新興棧食家

MAP P.61／D2
出地鐵站
步行約3分鐘

DATA

📧 九龍佐敦寧波街23號　📞 2783-8539　🕐 08:00～凌晨01:00
💰 每人均消HK$50以下　➡ 從港鐵佐敦站A出口，右轉前行至白加士街再右轉，沿白加士街步行至寧波街左轉，全程約3分鐘即可抵達　ℹ 蔥絲、薑絲和生菜絲等都可以隨便添加

　這裡是一位家裡經營魚攤生意的老朋友推薦的，這位每天都吃魚、稱得上吃魚專家的朋友說：「新興棧食家的魚粥極之鮮味」，叫我一定要試試。在朋友引領下，來到以本地人為主要顧客的佐敦店，門面純樸古舊，一副傳統老店的格局，從玻璃櫥窗可以看到廚房裡，師傅沿用古法銅鍋製作魚粥，銅鍋導熱力很強能把魚煮出鮮甜味，所以有別於其他方法；店內座位不多，牆上菜單寫滿不同部位的魚粥組合，魚的頭尾內外都吃得到；我點了魚腩(魚肚)粥，魚腩肥大肉厚，但較細的魚骨魚刺不多，適合不常吃魚的新手，以魚骨熬成的魚湯作粥底，所以魚的鮮味完全滲透粥內，每碗粥都放滿食材毫不吝嗇，吃起來綿滑順口，可以感受到配料之新鮮，絕對是吃魚粥的不二之選。

1 超足料的魚腩粥　**2** 樸實低調的店面　**3** 口感爽滑的涼拌魚皮

香港地鐵：荃灣線

尖沙咀站 ↓ **佐敦站** ↓ 油麻地站 ↓ 旺角站 ↓ 太子站 ↓ 深水埗站 ↓ 葵芳站

63

必食鮮味龍躉專門店
海洋超級漁港(深海龍躉專門店)

特色美食　　MAP P.61／D2　出地鐵站 步行約1分鐘

DATA

✉ 九龍佐敦佐敦道23-29號新寶廣場3樓 ☎ 2385-8863 ⓒ 08:00～23:00 $ 每人均消HK$200以下 ➡ 從港鐵佐敦站A出口，右轉後沿佐敦道直走，於白加士街向右轉，全程約1分鐘即可抵達 ⓘ 各種海鮮限量供應，建議在晚餐高峰20:00之前點餐，免得好吃的海鮮被掃光

在香港要吃海鮮，不一定要長途跋涉到長洲、西貢等近郊地區，在市區也可以嘗到質優味美的海鮮大餐；我推薦這家店距離港鐵佐敦站不遠，位處人潮較少的商廈裡，環境特別舒適清靜，我不時也會相約朋友來這裡吃飯敘舊。這裡的晚上套餐相當划算，除了焦點的海鮮外，還有燒鵝、炸子雞(脆皮炸雞)等廣東名菜，還附有甜品和水果等，相當豐富；我最推薦的必吃菜是「果皮蒸龍躉注頭腩」，選用深海龍躉最豐腴的魚肚部分，每一口都是絕頂的嫩滑鮮美，還有以肉質鮮嫩出名的基圍蝦，用最簡單的高湯白灼(汆燙)已經非常好吃，若嫌剝蝦太麻煩，也可以選擇芝士焗波士頓龍蝦伊麵(意麵)。　注：石斑魚的一種

1 高湯灼生海蝦 2 果皮蒸龍躉頭腩 3 碧綠花枝伴蚌仁 4 泰式辣鳳爪 5 杞子桂花糕 6 入口外觀

傳統香港味糖水
佳佳甜品

MAP P.61／D2
出地鐵站步行約3分鐘

DATA

📍九龍佐敦寧波街29號 📞2384-3862 🕐12:00～凌晨01:00 💰每人均消HK$30以下 ➡從港鐵佐敦站A出口，右轉前行至白加士街再右轉，沿白加士街直走，於寧波街右轉，全程約3分鐘即可抵達

吃糖水(甜品)是大多數香港人飯後的反射動作，隨意在大街小巷附近逛一圈，總會找到一間甜品店；新派甜品對舊式糖水帶來了不少衝擊，老一派也快被人所遺忘，新派的雪糕球配窩夫(港式鬆餅)、榴槤班戟(薄煎餅包榴槤)、雪糕西米露等，總覺得欠缺糖水應有的精髓，加上近年甜品價格偏高，而且質素參差不齊，實在是令人卻步。佐敦這間「佳佳甜品」，堅持製作傳統糖水，從選料到火候，遵照古法製作，除了基本項目，例如：蕃薯糖水、芝麻糊、核桃露、杏仁露、紅豆沙、綠豆沙、寧波湯丸(湯圓)等，還有不常出現的燉蛋，每樣都好吃又便宜，是CP值極高的良心糖水店。

1 冰糖燉木瓜　2 蛋花馬蹄西米露

法越風味的異國美食
添記法式三文治

MAP P.61／A1
出地鐵站步行約10分鐘

DATA

📍九龍佐敦渡船角文苑街30號文耀樓地下A號舖 📞2385-7939 🕐11:00～22:00 💰每人均消HK$50以下 ➡從港鐵佐敦站A出口，右轉後沿佐敦道直走，於渡船街右轉前行，再於文苑街左轉直走，全程約10分鐘即可抵達

法國長麵包和越南扎肉[注]，這兩種不同風格的食材加起來會變成什麼味道？答案可以在開業多年的「添記」裡找到。過往有很多越南人在佐敦渡船角一帶聚居，所以有不少越南美食在此發揚光大，而現任老闆在1993年繼承了這間店，繼續販售正宗風味的法式三文治(三明治)；在塗滿牛油的法國麵包裡，放入鹹豬手肉(豬腳)、五香腩肉、嚼肉(雞肝、豬肉切碎)和扎肉，切片青瓜(黃瓜)、番茄和經過醃製的紅蘿蔔絲，最後放進烤爐裡烤幾分鐘，出爐後灑上胡椒粉和魚露，味道酸辣、層次分明，在老闆堅持現點現做之下，麵包可維持外脆內軟，而且每天限量供應，難怪不少客人會外帶回去，是值得一嘗的異國美食。

注：又稱豬肉扎，以豬肉、豬皮和豬耳為主材料，加入魚露、薯粉、胡椒粒等製作的越南菜；越南曾是法國的殖民地，因此扎肉被認為源自於法式香腸

1 2 老闆用心製作，堅持現點現烤的好口味
3 外脆內軟、用料層次豐富的法式三文治

香港地鐵：荃灣線

尖沙咀站 ↓ 佐敦站 ↓ 油麻地站 ↓ 旺角站 ↓ 太子站 ↓ 深水埗站 ↓ 葵芳站

荃灣線
Tsuen Wan Line

老香港情懷與熱鬧夜市

油麻地站
Yau Ma Tei

←荃灣站　深水埗站　太子站　旺角站　油麻地站　佐敦站　尖沙咀站　金鐘站　中環站→

觀塘線　觀塘線　觀塘線　西鐵線　港島線 南港島線
（出刷票口後，通過地下步道轉乘）

66

油麻地站周邊街道圖

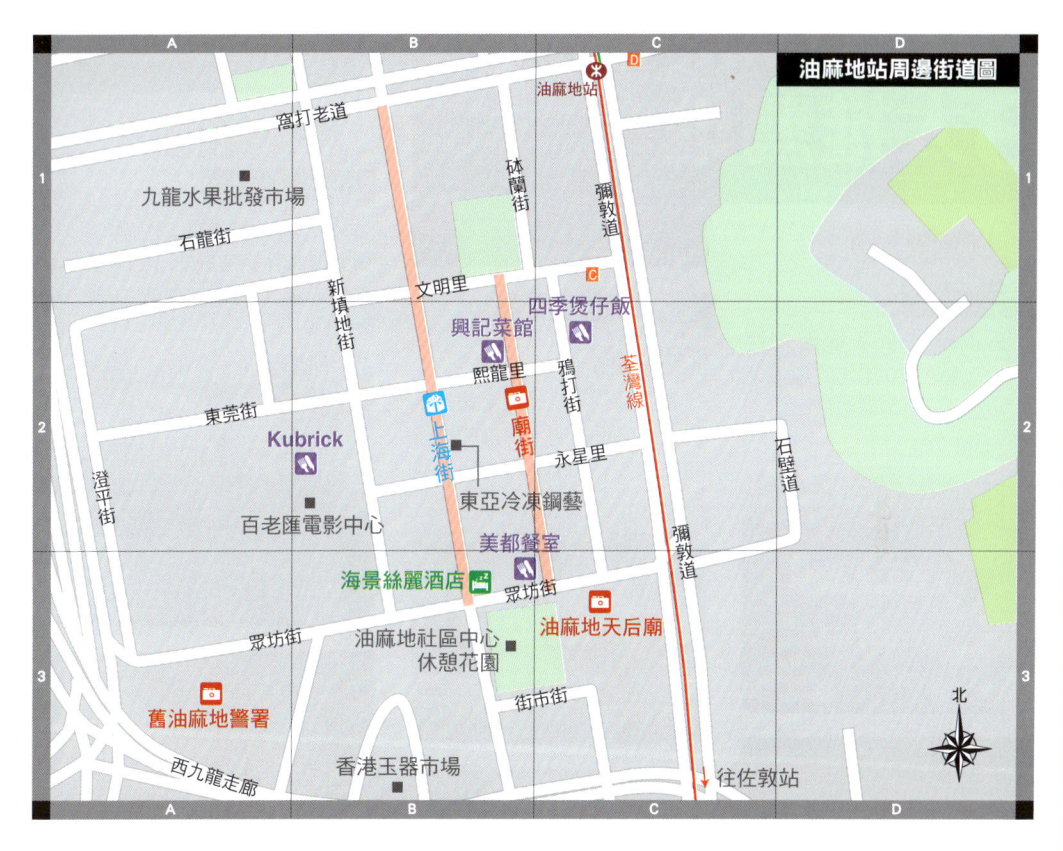

香港地鐵：荃灣線

尖沙咀站 → 佐敦站 → **油麻地站** → 旺角站 → 太子站 → 深水埗站 → 葵芳站

這裡以前是漁民曬晾船用蔴纜的地方，所以被稱作「蔴地」，其後周邊亦有不少販售修補漁船用的桐油的商店，於是被稱為「油蔴地」，後來因港鐵取用了「油麻地」為站名，自此大家都跟隨這個寫法了。時到今日，油麻地看似是基層市民的生活區域，但只要到晚上就會熱鬧起來，因為這裡有超過百公尺長的廟街夜市，兩旁有百家以上販售各種貨品的攤商，衣服、玩具、手錶、古董、電子配件和紀念品等都有，試試跟老闆殺價，說不定會有驚喜！油麻地至今仍保存不少上世紀的古老建築和舊店鋪，如1950年開業的美都餐室，很多旅客會專程來尋訪舊日香港味道，所以油麻地也是感受老香港情懷的重要區塊。

香港達人 HongKong
3大推薦地

遊客必訪
美都餐室
是很多港劇及電影的場景，充滿6、70年代的懷舊氣息，是感受老香港情懷的好地方。(見P.72)

作者最愛
Kubrick
可以找到不少冷門書籍，很適合來這裡挖寶，周邊的環境和氛圍亦十分憩靜舒適。(見P.73)

在地人首推
四季煲仔飯
除了遠近馳名的煲仔飯，鴨蛋蠔餅亦非常好吃，是深受在地人喜愛的特色美食！(見P.71)

百年信仰的文化中心
油麻地天后廟

遊賞去處

MAP P.67/C3
出地鐵站 步行約3分鐘

DATA

九龍油麻地廟街(近眾坊街) 2385-0759 09:00～17:00 從港鐵油麻地站C出口，往背面方向走，於廟街左轉直走到尾，全程約3分鐘即可抵達

廟街當中所指的廟宇，就是天后古廟，最早是附近水上居民於1865年所建，祈求出海平安順利，後來被風災摧毀，重建後成為九龍區內最大規模的天后廟。這裡同時供奉了觀音及城隍等多個神明，香火特別鼎盛，廟外廣場有顆大榕樹，因此舊稱為「榕樹頭」，以往入夜後會有江湖賣藝者在附近聚集擺攤，當中包括：占卦算命、說書講古、賣藝唱戲等，雖然廣場已改建成公園，但附近依舊保留了這個傳統；而白天會有不少老人在廣場耍太極、下棋、做運動和談天休息，與古廟相映成趣，是本地居民閒暇時的生活寫照。

1 天后廟內的古樸外觀 2 訴說著天后廟歷史的黑白老照片

經典電影場景
舊油麻地警署

MAP P.67／A3
出地鐵站步行約5分鐘

DATA

📍 九龍油麻地廣東道627號　🕐 內部不開放參觀，但可在外圍拍照　➡ 從港鐵油麻地站C出口，然後往背面方向走，於廟街左轉直走到尾，再於眾坊街右轉直走，全程約5分鐘即可抵達

曾經多次出現在電視劇和電影裡，戲內江湖中人從警署大門走出來的指定橋段，其實現實中也會常發生。建於1923年的油麻地警署，是香港的三級歷史建築，以愛德華式建築風格興建，呈「V」字形的兩翼向左右伸延，兩邊各有一排石柱支撐，形成以拱門作開端的長迴廊，富有濃厚殖民地時期氣息；警署大門依然保留了「油麻地警署」這舊式寫法，威嚴與經典兼具，據了解警署內大部分設施已經遷往友翔道的新油麻地警署，阿Sir在這裡進出的情景已成為回憶。

1 別誤會寫錯，「油蔴地」才是原來的寫法　**2** 警察巡邏用的衝鋒車　**3** 富殖民地色彩的建築外觀　**4** 很有特色的拱門迴廊

香港地鐵：荃灣線

尖沙咀站 ↓ 佐敦站 ↓ 油麻地站 ↓ 旺角站 ↓ 太子站 ↓ 深水埗站 ↓ 葵芳站

69

最具代表性的港味夜市
廟街

MAP P.67／B2
出地鐵站
步行約2分鐘

DATA

📍九龍油麻地廟街 🕐16:00～凌晨00:00(各店相異) ➡1.從港鐵油麻地站C出口，往背面方向走，於廟街左轉，全程約1分鐘即可抵達 2.從港鐵佐敦站A出口，右轉沿佐敦道前行，步行過3個街口至廟街，全程約2分鐘即可抵達

廟街是香港電影的熱門取景地，劇情大都是把這裡描寫成龍蛇混雜、充斥著犯罪行為的地方，但是當你來到廟街，會發現亂中有序，各方也能互相包容。廟街以天后廟為中心分成南北兩段，南段近港鐵佐敦站，白天看似冷清，晚上就會變得非常熱鬧，兩邊的攤販主要販售腕錶、鐳射唱片、玉器、電子產品、古董、服裝、玩具和紀念品等，商品主要吸引男性為主，所以又有「男人街」之稱；北段則與港鐵油麻地站相近，亦是品嘗道地美食的好地方，單一味「煲仔飯」就足以使周邊的大牌檔(攤販)開到成行成市。

入夜後天后廟旁邊的街市街，會湧現一些看相算命的攤位，掌相、算命、風水、塔羅、占卜等統統都有，就連香港著名的堪輿學家蘇民峰也曾經在這裡擺攤，有意算命的人不妨來碰碰運氣，說不定會遇上某位世外高人，而在街角不遠的位置，每晚都有傳統戲曲表演，夜夜笙歌的情景，讓此地有「平民夜總會」的稱號。

1 很多懷舊商品 **2** 街道兩旁有數百間攤檔 **3** 廟街上有很多看掌相、臉相的攤位 **4** 創意字句的路牌磁鐵

廚具用品、特色伴手禮
上海街

MAP P.67／B2
出地鐵站
步行約2分鐘

DATA

📍九龍油麻地上海街(窩打老道至眾坊街) 🕐09:00～18:00(各店相異) ➡從港鐵油麻地站C出口，往背面方向走，沿文明里直走到上海街左轉，全程約2分鐘即可抵達

來到上海街，會發現這裡開了很多從事廚具批發生意的店鋪，大至烤箱、炸爐、蒸爐、冰箱，小至砧板、刀具、木製器皿、餐具、鍋具、烘焙模具、點心蒸籠等，通通都可以在這裡找到，香港不少餐廳在開業前，都會來這裡購得有需要的相關用品。除此之外，亦可以買到特別的伴手禮，例如電影《食神》裡周星馳盛裝「黯然銷魂飯」的公雞碗，茶餐廳裡喝奶茶必備的杯碟套裝，就連做「雞蛋仔」(類似台灣雞蛋糕)的鐵器模具都有，每一樣都充滿濃濃的香港味，絕對是不能錯過的經典特色伴手禮！

特色美食

跟著在地飄香走準沒錯
四季煲仔飯

MAP P.67／C2
出地鐵站
步行約1分鐘

DATA

✉ 九龍油麻地鴉打街46-58號 ⏰ 18:00～凌晨00:30 💰 每人均消HK$60以下 🚇 從港鐵油麻地站C出口，往背面方向走，於鴉打街左轉直走，全程約1分鐘即可抵達

　　雖然不是在廟街的中心位置，但名氣沒有因此而受到影響，樣式多、味道好是受歡迎的主因，只要一翻開蓋子就知道我沒說錯。每到晚飯時段，門外必定排了一條長長的人龍，未進門已經嗅到陣陣香氣，裡面一排排的座位，看起來有點像學生時代的飯堂，隔壁的店鋪就是製作煲仔飯的地方，數十個炭爐同時製作，控制火候的大嬸要同時兼顧6至8個煲仔飯，相當考驗功夫；當煲仔飯上桌時，我習慣會把豉油沿蓋子邊倒進去，再多悶1分鐘才把蓋子打開，如此更香氣撲鼻，底部的鍋巴也更容易挖出來，此外鴨蛋蠔餅同樣吸引人，作法和台灣的蚵仔煎類似，但炸得更為酥脆飄香，可以沾少許豆瓣醬調味，沒吃過的朋友必定要試試。

1 鴨蛋蠔餅 **2** 腐乳通菜(空心菜) **3** 北菇滑雞煲仔飯 **4** 店內常是座無虛席

1 茶餐廳熱飲杯碟套裝 **2** 盛裝豆腐的木桶 **3** **6** 貨品種類繁多，猶如超級市場 **4** 「東亞冷凍鋼藝」(P.67／B2)販售的商品款式很齊全 **5** 製作雞蛋仔的鐵器模具

香港地鐵：荃灣線

尖沙咀站 → 佐敦站 → **油麻地站** → 旺角站 → 太子站 → 深水埗站 → 葵芳站

71

特色美食

讓你回到1950年的老香港
美都餐室

MAP P.67／B3
出地鐵站
步行約3分鐘

DATA

九龍油麻地廟街63號地下 ☎2384-6402 週一～二、週四～日11:00～22:00 休週三 每人均消HK$80以下 從港鐵油麻地站C出口，往背面方向走，於廟街左轉，全程約3分鐘即可抵達

美都餐室是油麻地指標性的古老風格店家，外牆掛著巨型的霓虹燈招牌，店內的一磚一瓦，保留了1950年開業時的模樣，可用眼睛觀看，也能觸摸到的歷史舊物，每樣都受到歲月的洗禮，格外有老香港的情調。在2層樓的餐室裡，我最愛的就是上層靠窗的座位，點杯招牌的紅豆蓮子冰和輕食作為下午茶，一面享用食物，一面看著對街老榕樹下的街坊鄰里，悠閒自在地聊天和乘涼，自己也感受到這城市中難得的一絲愜意，午後陽光從窗戶映進室內，有一種莫名的慵懶氛圍，不妨靜下來享受這空間帶來的懷舊氣息。

1 餐室內的古舊陳設 2 可以兩人對坐用餐的靠邊「卡位」 3 紅豆蓮子冰

無人不知的大牌檔美味
興記菜館

MAP P.67／B2
出地鐵站
步行約1分鐘

DATA

九龍油麻地廟街12、14、15、17、19 ☎2384-3647 13:30～23:00 每人均消HK$80以下 從港鐵油麻地站C出口，往背面方向走，於廟街左轉，全程約1分鐘即可抵達

擴展到4間分店的興記菜館，在廟街可是無人不識，更引來不少同業爭相仿冒，街頭巷尾「X興」和「興X」更是隨處可見。煲仔飯和電影《食神》裡的「黯然銷魂飯」相似，但是配料和米飯卻同時放進瓦鍋內蒸煮，再以炭火烤過，食材香味滲透飯心，米飯口感乾爽還帶有焦香味，是來廟街必吃的美食。由於生意太好，他們不惜違法也要將用餐區擴展至路中心，每家興記的帳篷裡都是人潮滿滿；不怕髒的話，我誠意推薦大家坐到路旁的帳篷裡，品嘗熱烘烘的煲仔飯及各種美食，人數夠多還可以叫幾份地道熱炒，再配上冰涼透心的啤酒，在喧鬧聲中度過難忘的晚上，體驗最道地的大牌檔風味。

1 田雞煲仔飯 2 興記在廟街的其中一間店 3 窩蛋牛肉飯

特色美食

知性悠閒的精神食糧
Kubrick

MAP P.67／B2
出地鐵站
步行約3分鐘

DATA

www.kubrick.com.hk ✉ 九龍油麻地眾坊街3號駿發花園H2地舖 ☎ 2384-8929 ⏰ 11:30～21:30 💰 每人均消HK$80以下 ➡ 從港鐵油麻地站C出口，往背面方向走，沿文明里直走到達新填地街左轉，再於東莞街右轉，全程約3分鐘即可抵達

窗檯旁放滿了綠色盆栽，陽光穿透大型的櫥窗玻璃，為植物提供充足養分，同時店內的書籍，也能夠為心靈提供另類的養分。這間文藝咖啡室開設在電影中心旁邊，一半是書店，主要販售比較冷門的各國書籍、影碟、唱片和一些獨立創作人寄賣的商品，很多都相當別致；而另一半則是咖啡室，我最喜歡這裡的木製裝潢和陳設，令人有一種和諧舒適的感覺，店裡也提供特色的飲品、蛋糕、意粉(義大利麵)和一些輕食，大眾化的價格，讓這裡成為閱讀和聊天的好地方。另外，這裡也幫助獨立創作人出版書籍，不時還會有電影放映會、小型音樂會、新書分享會和劇場表演等，是都市中的文化綠洲，如果想要輕鬆悠閒，順道吸收人文知性，這裡是不錯的選擇。

1 很多冷門書籍也能在這裡找到 **2** 客人可以在室外看書和用餐 **3** 結合書店與咖啡室的空間

香港地鐵：荃灣線

尖沙咀站 ↓ 佐敦站 ↓ **油麻地站** ↓ 旺角站 ↓ 太子站 ↓ 深水埗站 ↓ 葵芳站

荃灣線
Tsuen Wan Line

熱鬧逛街、美食不夜城

旺角站
Mong Kok

長沙灣站　深水埗站　太子站　旺角站　油麻地站　佐敦站　尖沙咀站

←荃灣站　　　　　　　觀塘線　觀塘線　觀塘線　　　　　　　　　中環站→
　　　　　　　　　　　　　　　　　　　　　　　　　　　　　西鐵線
　　　　　　　　　　　　　　　　　　　　　　　　　　　　（出刷票口後，通過地下步道轉乘）

旺角站周邊街道圖

香港地鐵：荃灣線

尖沙咀站 → 佐敦站 → 油麻地站 → **旺角站** → 太子站 → 深水埗站 → 葵芳站

根據《金氏世界紀錄大全》統計，旺角是全世界人口最密集的地區之一，加上近年旅客增多，使得這個購物區更是熱鬧。旺角就好比台北西門町、東京新宿，從早到晚人潮都是川流不息，這裡也是香港人最常去的地區之一，有不同類型的購物中心和特色主題街道，例如：女人街、波鞋街，以及假日規畫為行人專用徒步區的西洋菜南街等，在這裡可以找到種類豐富的各種商品，潮流服飾、動漫精品、玩具、體育用品、電子及電器產品等應有盡有，吸引不同階層的市民前來逛街及購物；此外旺角號稱是九龍的不夜城，不少餐廳及商店都是通宵營業，凌晨時分仍然可以品嘗最地道的香港美食，感受一下電影世界裡的城市生活面貌。

75

香港達人 HongKong
3大推薦地

👍 遊客必訪
女人街
香港最著名的露天市集，是購買紀念品和伴手禮的好地方，男、女都可以買得很開心。(見P.76)

👍 作者最愛
肥姐小食店
多款滷味冷盤小食、墨魚、大生腸、豬肝、豬心等樣樣滷得入味。(P.79)

👍 在地人首推
朗豪坊
集吃喝玩樂於一體的大型購物中心，是時下年輕男女最愛逛街的地方之一。(見P.78)

購物血拼　男女皆宜的露天購物市集
女人街

MAP P.75／C2
出地鐵站步行約1分鐘

DATA

🚇 九龍旺角通菜街(亞皆老街至登打士街之間) 🕐 12：00〜凌晨00：00(各店相異) 🚶 從港鐵旺角站E2出口，沿奶路臣街向前行，步行2個街口，全程約1分鐘即可抵達 ℹ️ 購物時可酌量議價；若想逛得舒適，建議選擇晚間前來，人流較少，氣溫也較涼爽

在通菜街上的「女人街」，全長約1公里，是香港最著名的露天交易市場，由於早年以販售女性用品為主，經常聚集大批女性顧客，所以才有女人街的稱號。現在這裡的商品種類已經相當多元，販售各種T恤、玩具、仿古玩、配飾、包包、手機配件，以及加入香港元素的紀念品等等，種類相當繁多，男女遊客都可在此找到喜愛的商品；但別以為在香港就不會買到假貨，這裡也有不少仿冒的名牌服飾，質素超乎想像，另外最令遊客驚歎的，就是整條街採用「朝桁晚拆」的方式經營，每個攤商頂部都用帆布遮蓋，底部再用長鐵桿支撐，早上搭建晚上拆除，日日如此，是女人街的一大特色。

1 可以試著和老闆殺價，也許會有滿意的收穫喔　2 各種類紀念品應有盡有

知名球鞋一條街
波鞋街

MAP P.75/C2
出地鐵站步行約2分鐘

DATA

📍九龍旺角花園街(登打士街至亞皆老街之間) 🕐11:00～23:00(各店相異) ➡️從港鐵旺角站E2出口,沿奶路臣街向前行,步行3個街口,全程約2分鐘即可抵達

旺角花園街上的「波鞋街」注,這個說法從1980年代興起,當時已有多間販售運動鞋及體育用品的商店在這裡開業,後來店家擴展至附近的街道,形成商業聚集的情景,不少大型的運動品牌更在這裡開設旗艦店,每當有新品推出必定引起一陣轟動,早前也曾邀請美國職業籃球員詹姆士(LeBron James)出席活動,吸引大批球迷到場支持。告訴大家一個香港人都知道的公開祕密,在這裡經營的商店,絕大部分由幾位老闆集中持有,所以商品款式及定價都非常相近,但如果想找一些較有個性的限量版球鞋,不怕價錢較高,這裡還是有很多選擇,而農曆新年前夕,商店更會減價促銷,絕對是撿便宜的好時機。

注:波鞋為廣東話球鞋的意思

1 知名帆布鞋品牌CONVERSE的多種款式
2 整條街都是販售運動鞋相關的店鋪
3 樓高3層的NIKE旗艦店

愛新鮮的你不可錯
信和中心

MAP P.75/C3
出地鐵站步行約7分鐘

DATA

📍九龍旺角彌敦道582-592號 🕐12:00～22:00(各店相異) ➡️從港鐵旺角站E2出口,往背面方向走,到彌敦道後左轉前行,經過2個街口再走一小段,全程約7分鐘即可抵達

不是著名的旅遊點,顧客大多是本地人居多,通道較為狹窄,逛起來會感覺有點擠。自90年代以來,是販售盜版影碟而聞名的商場,後來被海關大力掃蕩後,清得一乾二淨,現在主要是販售遊戲光碟、玩具、精品、動漫書籍及日韓潮流雜誌等等。數年前在日本開始流行的「格子鋪」合租模式,也在這裡發揚光大,商家會把店面劃分成多個透明箱子,以低廉的價錢分租給有志創業的賣家,商品種類相當廣泛,吸引不少愛新鮮的年輕人,是到旺角必逛的一站。

1 日本漫畫《進擊的巨人》模型 2 從日本引進的格子鋪商店

香港地鐵:荃灣線

尖沙咀站 ↓ 佐敦站 ↓ 油麻地站 ↓ **旺角站** ↓ 太子站 ↓ 深水埗站 ↓ 葵芳站

77

旺角潮流地標購物中心
朗豪坊

MAP P.75/B2 在地鐵站出站即到

DATA

🌐 www.langhamplace.com.hk　✉ 九龍旺角亞皆老街8號　📞 3520-2800　🕐 11:00～23:00(各店相異)　🚇 從港鐵旺角站C3出口即可抵達

旺角最大型的購物中心，由2棟相連的大樓組成，集酒店、辦公室和購物中心於一體。商場設計新穎，各樓層都由多條高速手扶梯連接起來，平台上更加有一條跨越4個樓層的懸空手扶梯，從上往下看高度有點嚇人；高樓層設置大型的旋轉樓梯，商店就設於旁邊，客人邊逛街就邊往上走，不用一次爬幾層樓梯，感覺亦不會太累。商場內販售的產品種類非常廣泛，4樓還有美食廣場，價格豐儉由人，很適合年輕人到這裡逛逛。

1 2 直達4層樓高的手扶梯，相當壯觀　**3** 商場外的廣場

玩具不是小孩的專利，大人也喜歡
Hot Toys Secret Base

MAP P.75/C3 出地鐵站步行約7分鐘

DATA

🌐 www.hottoys.com.hk　✉ 九龍旺角彌敦道582-592號20樓　📞 3722-3988　🕐 12:00～20:00　🚇 從港鐵旺角站E2出口，往背面方向走，到彌敦道後往左轉前行，經過2個街口再走一小段，全程約7分鐘即可抵達

「HotToys」這個香港品牌，憑著製作仿真度極高的1:6可動人偶，在國際玩具界打響名堂，還得到電影公司和名人的授權，推出擬真度極高的人偶，其中做得最成功的，要算是男生最愛的《鋼鐵人》了，主角TonyStark在戲內的每款造型都被製成玩具銷售至全世界；設於旺角、占地近百坪的概念店，採用「祕密基地」為主題，場內的裝潢設計都極為科幻，彷彿置身於《星際大戰》內的太空基地一樣，玻璃櫃展示著不少收藏已久的玩具展品，吸引世界各地的玩具收藏家親臨朝聖，即使沒有留意玩具界動態的朋友，也值得去看看。

1 以女星安海瑟薇為藍本的貓女人偶　**2** 鋼鐵人　**3** 綠巨人浩克　**4** 整個場地布置猶如太空基地

街頭攤檔、滷味界傳奇
肥姐小食店

MAP P.75／C3
出地鐵站
步行約10分鐘

DATA

✉ 九龍旺角登打士街55號4A舖 ☎ 9191-7683 ⏰ 13:00～22:30
💲 每人均消HK$30以下 ➡ 從港鐵旺角站E2出口，沿路前行至西洋菜南街右轉，步行3個街口至登打士街，左轉前行至花園街，全程約10分鐘即抵達

香港不少街頭美食都出自於街邊的流動小販，由於衛生情況欠佳，加上並無熟食牌照，常常都要逃避相關人員的追捕，很多驚為天人的小攤販從此就銷聲匿跡，當中只有少數能成功開店，而肥姐這攤更是越做越出色。專門製作一串串的滷味冷盤小食，紅腸、生腸、墨魚、大生腸、雞腎(雞胗)、大墨魚、豬肝、豬心、豬舌頭等等，每樣都滷得相當入味，水準穩定且沒有絲毫的腥味，再配上麻油、醬油已經非常好吃，重點是一定要加甜醬與芥末醬，我每次經過必定買幾串來解饞；還有千萬不要被門外的人潮嚇怕，店家的流水式作業，不需幾分鐘就已經消掉一堆顧客。

1 大生腸　2 雞腎(雞胗)　3 排隊人龍，就是人氣爆發的象徵

CP值超高火鍋吃到飽
至尊重慶雞煲

MAP P.75／B3
出地鐵站
步行約5分鐘

DATA

✉ 九龍旺角彌敦道593-601號創興廣場16樓 ☎ 2148-2628
⏰ 12:00～23:45 💲 每人均消HK$200以下 ➡ 從港鐵旺角站E1出口，往背面方向走，到彌敦道後右轉前行，經過2個街口再走一小段，全程約5分鐘即可抵達 ℹ 建議提前電話預約，以節省等候的時間；每次用餐時間2小時

無論天氣有多炎熱，都無法阻擋香港人對吃火鍋的熱愛。近年最流行的是四川麻辣口味的雞鍋，在香港各區的主題雞鍋店就有數十間，而且價格豐儉由人，我比較推薦旅客選擇固定收費的吃到飽火鍋店，即使同行者不多，仍然可以吃得開懷。設於旺角的至尊重慶雞煲，是不少香港人的心頭愛好，這裡的雞鍋可選擇不同辣度，愛辣之人必定大呼過癮；在吃完雞煲後，可以加湯變成火鍋續吃，除了有多樣食材可選擇，亦有無限的飲料和雪糕供應，如此平價、CP值很高的美味，難怪每晚人潮都絡繹不絕呢！

1 深受香港人歡迎，常是座無虛席　2 麻辣口味的雞鍋

香港地鐵：荃灣線
尖沙咀站 ➡ 佐敦站 ➡ 油麻地站 ➡ 旺角站 ➡ 太子站 ➡ 深水埗站 ➡ 葵芳站

79

荃灣線
Tsuen Wan Line

在地平民日常生活圈

太子站
Prince Edward

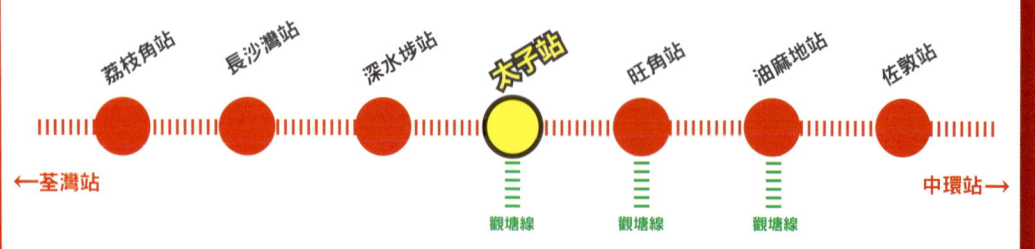

荔枝角站　長沙灣站　深水埗站　太子站　旺角站　油麻地站　佐敦站

←荃灣站　　　　　　　　　　　　　　　　　　　　　　　中環站→

觀塘線　　觀塘線　　觀塘線

80

太子站周邊街道圖

香港地鐵：荃灣線

尖沙咀站 ↓ 佐敦站 ↓ 油麻地站 ↓ 旺角站 ↓ **太子站** ↓ 深水埗站 ↓ 葵芳站

　　太子位處旺角的北面位置，很多人因為地鐵站的關係把這裡稱作太子，但嚴格來說地圖上並沒有這地名的存在。太子這名稱的由來可追溯自1922年4月，當時英國皇儲愛德華太子到該區的一條主要道路參觀，其後該道路被命名為太子道，旁邊的車站也以太子來命名；很多旅遊書會將太子站的一些景點歸到旺角站，可是徒步前往也要10～15分鐘的腳程，對老人和小孩可能會比較吃力，其實太子站也隱藏了不少美食，例如港星周潤發經常光顧的永合隆飯店等等，所以獨立出來，向大家介紹這個絕對不能遺忘的重要區域。

81

香港達人 *HongKong* 3大推薦地

遊客必訪
金華冰廳
知名茶餐廳，店裡最有名、在香港獲獎無數的極品菠蘿油，吃過保證永世難忘！(見P.85)

作者最愛
永合隆飯店
我吃過最美味的炭烤燒肉，口袋名單推薦，是絕對不能錯過的隱世美食。(見P.86)

在地人首推
花園街
最平民化的露天市集，價格便宜又不失時尚的服飾鞋包，是女生們心中的大愛。(見P.84)

購物血拼 水族館、寵物店密集街區
金魚街

MAP P.81／B3
出地鐵站步行約2分鐘

DATA

🏠 九龍旺角通菜街(水渠道至旺角道之間) 🕙 10:00～21:00(各店相異) 🚇 從港鐵太子站B2出口，沿西洋菜南街前行，穿越2條斑馬線後左轉，沿水渠道步行至通菜街右轉，全程約2分鐘即可抵達

　　通菜街分為南北兩段，南段是旺角的女人街，北段則是鄰近太子站，以集中販售金魚和水族用品而聞名的「金魚街」。不少魚類愛好者都喜歡到這裡選購，商家們會將觀賞魚放進注滿氧氣和水的塑膠袋內，袋子寫上魚的品種和售價，然後掛在店前供客人挑選，每袋金魚都色彩繽紛、極之搶眼；而店內的大型魚缸，一般會展示身價較高的品種，如熱帶魚和紅龍魚等，價格由幾百至幾萬港幣不等，算是中高檔玩意，近年還有不同種類的寵物店進駐這裡，令這條街更見豐富，感覺更多元化。

❶ 色彩奪目的錦鯉 ❷ 「金魚街」除了賣觀賞用的魚，近年也有其他的寵物店進駐

香港最大花卉市場
花墟

MAP P.81／C1
出地鐵站步行約7分鐘

DATA

🏠 九龍旺角花墟道　🕐 07:00～19:00(各店相異)　➡ 從港鐵太子站B1出口，往背面方向沿太子道西走，經過4個街口，於園藝街右轉，全程約7分鐘即可抵達

在太子的邊緣位置，聚集了不少販售鮮花、盆栽和園藝用品的商家，街道處處繁花似錦，猶如置身在鬧市中的花園一樣，所以街道以花墟命名。每當在特別節日之前，這裡必定格外熱鬧，除了祭拜的兩大日子：清明節和重陽節外；還有令男士們要大灑金錢的情人節，當天玫瑰花束價格最便宜也要數百港元，為博紅顏一笑，也是得咬緊牙根；另一個人潮高峰期必定是農曆新年前夕，路上都擠滿前來選購應景花卉的市民，臨近除夕的數個小時絕對是殺價的好時機，說不定能買到價廉物美的桃花、年桔、水仙、劍蘭等，人山人海的街道，氣氛極為熱鬧。

鳥類寵物用品大全
雀鳥公園

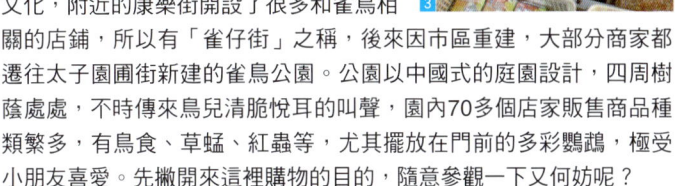

MAP P.81／D1
出地鐵站步行約8分鐘

DATA

🏠 九龍旺角園圃街雀鳥公園　🕐 07:00～20:00(各店相異)　➡ 從港鐵太子站B1出口，往背面方向沿太子道西走，經過5個街口，全程約8分鐘即可抵達

昔日的舊式茶樓文化，孕育了不少對飼養雀鳥有興趣的人士，在旺角上海街的奇香茶樓還未結束營業時，很多茶客都喜歡帶著鳥籠到茶樓，和茶友交流飼養心得，是當時盛行的社交聯誼活動；因為這樣的文化，附近的康樂街開設了很多和雀鳥相關的店鋪，所以有「雀仔街」之稱，後來因市區重建，大部分商家都遷往太子園圃街新建的雀鳥公園。公園以中國式的庭園設計，四周樹蔭處處，不時傳來鳥兒清脆悅耳的叫聲，園內70多個店家販售商品種類繁多，有鳥食、草蜢、紅蟲等，尤其擺放在門前的多彩鸚鵡，極受小朋友喜愛。先撇開來這裡購物的目的，隨意參觀一下又何妨呢？

1 2 色彩繽紛的鳥類，可以用眼睛欣賞參觀，但請勿動手觸摸喔　**3** 各種鳥類飼料都可以在這裡找到

香港地鐵：荃灣線

尖沙咀站 → 佐敦站 → 油麻地站 → 旺角站 → **太子站** → 深水埗站 → 葵芳站

交通方便、空間寬敞的購物中心
新世紀廣場

MAP P.81／D2
出地鐵站步行約8分鐘

DATA

www.moko.com.hk　九龍旺角太子道西193號新世紀廣場　2397-0790　10:00～22:00(各店相異)　**1.** 從港鐵太子站B2出口，沿西洋菜南街前行，於弼街左轉直走，沿樓梯上天橋，再依指標前行，全程約8分鐘即可抵達 **2.** 從港鐵旺角東站(東鐵線)的D出口即可抵達

　本區的大型購物中心，集美食、娛樂、購物於一身，1樓(G層)連接港鐵東鐵線旺角東站，往來內地亦相當便利，是不少陸客來港的其中一站，步行至鄰近的港鐵太子和旺角站，只要10～15分鐘左右。商場雖然已經開業多年，但近年大幅度翻新後，感覺更加通透明亮，7層近2萬坪的商場地方寬闊，加上中空設計，空間感強烈，比起附近的小型商場，以及和人車爭路的鬧市街道，這裡逛起來舒適得多；聚集多個本地和外國時尚品牌，還有兒童樂園、美食廣場、超市、大型電影院和KTV等，是不少香港人假日的休閒好去處。

1 寬廣的購物空間，讓人逛得輕鬆自在
2 3 各種時尚風格的潮流服飾、配件及生活雜貨，都可以在這裡找到

價廉物美在地人購物商區
花園街

MAP P.81／C2
出地鐵站步行約3分鐘

DATA

九龍旺角花園街(水渠道至旺角道之間)　11:00～21:00(各店相異)　從港鐵太子站B2出口，沿西洋菜南街前行，穿越2條斑馬線後左轉，沿水渠道步行至花園街右轉，全程約3分鐘即可抵達

　每當說起花園街，很多人會先入為主把這裡和波鞋街(P.77)畫上等號，其實兩邊各有不同風格特色。這裡是香港眾多特色街道當中最熱鬧的一條，街道上的攤商在左右兩排延伸，一攤接一攤，販售的東西都是比較貼近日常生活的，包括：水果、玩具、電子配件、日用品和各種服飾等都有，種類繁多而且價廉物美，顧客大多都以本地人為主；街道兩旁開設了很多以販售韓式風格女性時裝、鞋子及配飾的店家，價格由數十至數百港幣不等，很適合女生來這裡逛街挖寶。

1 花園街兩旁有很多超便宜的女裝可選購 2 這裡的商品物美價廉，生活雜貨等也一應俱全

特色美食

新鮮現做經典老口味糕餅

奇趣餅家

MAP P.81/C3
出地鐵站
步行約6分鐘

DATA

✉ 九龍旺角花園街135號 ☎ 2394-1727 ⌚ 週二～日08:00～19:30 休 週一 $ 每人均消HK$50以下 ➡ 從港鐵太子站B2出口,沿西洋菜南街前行,穿越2條斑馬線後左轉,沿水渠道步行至花園街右轉,全程約6分鐘即可抵達

從1984年開業至今,是香港少數碩果僅存、製作傳統廣東唐式餅食的餅店,一直使用「前店後廠」的模式營運,保證產品新鮮原味,而且價錢便宜、味道又好,深受長輩和喜愛舊口味的朋友青睞;但說是「廠」也略有誇大,其實只有幾位師傅和幫工挑起大梁,經驗老到的師傅,單憑感覺就可以掌握分量,數十年如一日的製作好味道。所有糕餅都是由麵粉製成,若沒有師傅純熟的手藝,絕對不能製作這麼多歷久不衰的經典味道,如:香蕉糕、牛耳仔、公仔餅、摩囉酥、蛋散、核桃酥、蓮蓉棋子餅、老婆餅等等,每年臨近中秋節,還會推出廣式月餅,其中最叫座的是雞仔餅、光酥餅和紅豆燒餅,每當有熱烘烘的糕餅出爐,必定引起一陣購買人潮。

1 紅豆燒餅 2 核桃酥

特色美食

極品菠蘿油的幸福誘惑

金華冰廳

MAP P.81/B2
出地鐵站
步行約5分鐘

DATA

✉ 九龍旺角弼街47號 ☎ 2392-6830 ⌚ 06:30～23:30 $ 每人均消HK$50以下 ➡ 從港鐵太子站B2出口,沿西洋菜南街前行,於弼街左轉直走,全程約5分鐘即可抵達

這裡菠蘿油的好吃程度,在業界絕對是數一數二,門外絡繹不絕的人潮就是他們好吃的鐵證;要吃到最新鮮的口味,就必定要選對時候,菠蘿包出爐時間每天06:30～19:30,每隔5～10分鐘就會出爐一次,單看次數就已經覺得驚人。只吃過菠蘿「包」的人,永遠也不會了解吃菠蘿「油」的那一種驚豔,一片冰凍的牛油,夾在熱烘烘的菠蘿包中間,冷熱交融,表層金黃酥脆,帶有絲絲甜味,入口香甜油潤,牛油瞬間在口裡溶化;這裡出品的菠蘿包相當厚實,品質遠超過外面的空心麵包,若再配上一杯香滑奶茶,滿滿的幸福感覺,絕對是人間美味,即使現在已經擴充至相鄰的店面,但依舊是常常爆滿,如果服務被怠慢了也不要見怪!

1 必點的熱奶茶配菠蘿油 2 牆上掛滿飲食獎項的證書獎牌

香港地鐵:荃灣線

尖沙咀站 → 佐敦站 → 油麻地站 → 旺角站 → 太子站 → 深水埗站 → 葵芳站

85

永合隆飯店
賭神也很愛吃的名牌燒肉

特色美食 | DATA

MAP P.81／A1
出地鐵站 步行約1分鐘

九龍旺角砵蘭街392號 ☎2380-8511 ⏰11:00～22:00 💰每人均消HK$50以下 🚇從港鐵太子站C2出口，前行於砵蘭街右轉，全程約1分鐘即可抵達

　　如果只知道灣仔的再興燒臘(P.140)，卻不知太子的永合隆，確實是有眼不識泰山；這個名震一時的老字號，擁有很多名人熟客，我也曾經遇過港星周潤發來這裡外帶，可見來頭不小。以古法炭火製作的燒臘，師傅每天在百度高溫的火爐前面，早已練成金睛火眼，每一個環節都相當用心；燒肉香脆的祕訣在於「鬆針」步驟，在豬肉表皮上以針刺孔，用猛火將裡面的油脂和水分從針孔迫出，油脂布滿外層，燒得皮脆肉嫩，帶有微微焦香、油潤可口，用來下飯確實一流，其他如火腩、叉燒、燒骨、金錢雞等同樣精采，雖然價錢偏高但用料講究，全部用新鮮豬肉製作，其他燒臘店難以媲美，尤其是每到黃昏會有很多主婦們前來購買替晚餐加菜，每天都是人潮不斷。

1 燒肉叉燒飯　2 香脆無比的燒肉，大推　3「賭神」周潤發和老闆的合照，發哥也常來捧場喔　4 5 老店格局的店面環境

86

特色美食

古早的「嗱喳」風味
肥公車仔麵

MAP P.81／A2
出地鐵站步行約3分鐘

DATA

九龍旺角上海街709號地舖　2399-0071　週一～六07:00～19:30　每人均消HK$100以下　從港鐵太子站C2出口，靠左往前方穿越2條斑馬線，然後右轉沿太子道西前行，經過2條斑馬線至荔枝角道左轉前行，於上海街右轉，全程約3分鐘即可抵達

肥公車仔麵算是附近居住街坊的食堂之一，客人流轉不斷。內用和外帶都是同一條隊伍，在繁忙時間人龍會伸延至店外，客人排隊依次選擇麵底和配料，配料種類豐富多樣，我個人就喜歡油麵搭配牛筋腩、白蘿蔔、魚皮餃、雞翼。我每次務必要求店員加點辣汁，給人滿滿小時候吃「嗱喳麵」注的感覺，是值得一試的平民美食。店內環境偏小，如果你喜歡慢慢享受就不合適了。

注：「嗱喳」在粵語中有不乾淨的意思。昔日的車仔麵大多是推著手推車在大街小巷擺賣，感覺比較不乾淨，所以部分香港人會稱車仔麵為「嗱喳麵」。

特色美食

太子人氣點心店
一點心

MAP P.81／B1
出地鐵站步行約2分鐘

DATA

九龍旺角通菜街209A-209B號地舖　2677-7888　週一～五09:30～23:00，週六、日及公眾假期08:30～23:00　每人均消HK$100以下　從港鐵太子站A出口，右轉沿運動場道前行，於通菜街左轉，全程約2分鐘即可抵達

於2007年創立的點心專門店，以提供高品質的傳統點心為宗旨。曾兩度榮獲米其林一星推薦，深受食客喜愛。餐廳提供薄皮鮮蝦餃、蜜汁叉燒包等經典菜式，個人特別喜歡芒果布甸，口味道地，性價比高。店內環境簡約，服務友善，雖然人氣旺盛可能需要排隊，但食物流轉速度快，熱度保持得很好，絕對值得一試。

1 店裡內外都是人　2 鮮蝦菜苗餃　3 薑蔥牛栢葉　4 芒果布甸　5 蜜汁叉燒腸

香港地鐵：荃灣線

尖沙咀站 → 佐敦站 → 油麻地站 → 旺角站 → **太子站** → 深水埗站 → 葵芳站

荃灣線
Tsuen Wan Line

3C商場和平民美食聚集

深水埗站
Sham Shui Po

←荃灣站　美孚站　荔枝角站　長沙灣站　深水埗站　太子站　旺角站　油麻地站　中環站→

西鐵線　　　　　　　　　　　　　　　　　　　　　觀塘線　觀塘線　觀塘線

深水埗站周邊街道圖

香港地鐵：荃灣線

尖沙咀站 → 佐敦站 → 油麻地站 → 旺角站 → 太子站 → **深水埗站** → 葵芳站

　　個在旅遊書上不太會介紹的地方，沒有什麼購物的大牌名店，也沒有裝潢華麗的高尚食府，但深水埗絕對會是跟著本地人尋寶的好地方。1960年代香港工業急速發展，鄰近深水埗一帶有很多工廠大廈，因此聚集了很多在工廠上班的勞動階層，隨著經濟轉型，變成傳統的舊區域；來到深水埗不用花費很多便能收獲豐富，無論是用餐、購物都十分便宜！這區還有好幾間相當有名氣的餐廳，經過幾十年的用心經營，絕對是實而不華，我也常常來這吃個痛快；此外深水埗也是著名的「男人天堂」，可以找到很多影音器材、電子產品，甚至是一些電子遊戲、古董雜貨等，來到深水埗，說不定會有很多驚喜喔。

89

香港達人 HongKong
3大推薦地

遊客必訪
大南街
《變形金剛4》裡的拍攝場景，已經成為在香港絕跡的往日情懷，只能從電影裡尋找了！(見P.92)

作者最愛
合益泰小食
充滿米香的薄皮腸粉，可以找到一些小時候的回味，是我到深水埗的必訪小店。(見P.94)

在地人首推
維記咖啡粉麵
香港人最愛的豬肝麵，每到假日人潮不斷，體驗在地人的口味，必定要試試。(見P.95)

歷史古蹟大變身
美荷樓生活館

遊賞去處

MAP P.89／C1
出地鐵站步行約7分鐘

DATA

www.yha.org.hk/zh/hostel/yha-mei-ho-house-youth-hostel ✉九龍深水埗石硤尾邨41座 ☎3728-3500 🕐週二～日及公眾假期10:00～18:00、中秋節、平安夜及農曆新年除夕下午4時閉館 週一(公眾假期除外)，農曆年初一至初三 ➡從港鐵深水埗站D2出口，沿桂林街前行，於青山道左轉前行，靠右過3條斑馬線後，穿過遊樂場後沿巴域街上走，全程約7分鐘即可抵達

建於1954年的美荷樓，是香港公共房屋發展史的開端，現存唯一一幢得以保留的H型徙置大廈注，被列為二級歷史建築，經過翻新和改建後，打造成一座集青年旅舍、博物館、餐廳於一身的多功

1

90

能大樓。生活館展示的文物，呈現香港早期公共房屋和居民生活的狀況、環境、社會風氣和基層生態，很多展品都是由熱心市民所捐贈，每一件都有其背景故事，裝潢和陳設貫徹了懷舊風格，令人恍如置身在50年代的老香港，令人忍不住猛按快門。另設有公眾導賞團，詳情可以到官方網站查詢。

注：「徙置區」是香港政府在1950年代開始，為低收入市民興建的公營住宅，目前大多都已拆除或重建。

1 生活館內展示的懷舊物品 **2** 呈H字形的美荷樓 **3** 舊式米鋪 **4** 以往公共屋村的居住環境 **5** 冰室內擺放了一些懷舊玩具

香港地鐵：荃灣線

尖沙咀站 → 佐敦站 → 油麻地站 → 旺角站 → 太子站 → **深水埗站** → 葵芳站

91

3C商品跳蚤市場
鴨寮街

MAP P.89／B2
在地鐵站出站即到

DATA

🏠 九龍深水埗鴨寮街 🕐 12:00～21:00(各店相異) ➡ 從港鐵深水埗站C2出口即可抵達

　鴨寮街又名「鴨記」，是著名的電子產品集散地，以販售3C周邊商品而聞名，在這裡除了可以找到很多廉價的商品，手機電池、電源線、相機背包、腳架等應有盡有，另外鴨寮街更有很多攤商，販售一些舊電器、黑膠唱片等二手貨品，只要你細心尋寶，說不定會找到一些實用好貨。近年大熱的電視劇《怒火街頭》亦以此為拍攝中心，可想而知鴨寮街是深水埗的重要地段。

1 要找3C周邊商品，來這裡就對了　**2** 也有販售手錶的攤商

採購手作工藝原料的香港特色街道
大南街、汝州街

MAP P.89／A3、B3
出地鐵站步行約2分鐘

DATA

🏠 九龍深水埗大南街、汝洲街 🕐 週一～五10:00～17:00、週六10:00～13:00(各店相異) 🚫 部分店家週日休息 ➡ 從港鐵深水埗站C2出口，沿桂林街前行2分鐘即可抵達

　雖然香港製衣業北移，但其配套行業還有很多仍留在深水埗，如布料、皮革、成衣批發業等。汝州街一帶發展成販售衣飾配件的地方，供應本地零售及海外市場，是很多手工藝製作者都會去蒐羅材料的地方，又因為以販售串珠用的珠粒為主，所以汝州街

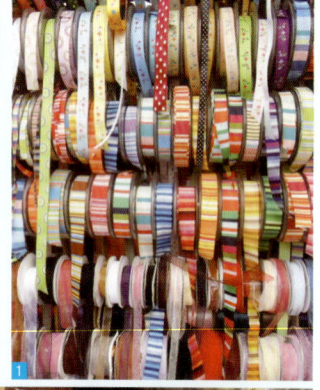

92

黃金電腦商場、高登電腦中心

3C周邊商品、港版光華商場

MAP P.89／B2
出地鐵站
步行約半分鐘

DATA

📧 九龍深水埗福華街146-152號 ⏰ 11:00～21:00(各店相異) 🚇 從港鐵深水埗站D2出口，前行半分鐘即可抵達

深水埗的黃金電腦商場、高登電腦中心，是香港版的光華商場，這兩家雖然同在一座大廈裡，但是互不相通。黃金電腦商場販售很多3C產品周邊商品及書籍，而高登電腦中心主要是販售電腦硬體及配件；作為主要販售電子相關產品的地方，所以價格會比其他一般的商店便宜得多，每年更會有電腦節注，商家會以割喉式的價錢促銷商品，在那幾天自然是人潮不斷。

注：電腦節每年舉辦時間不固定，大約是年底12月到隔年2月之間　❶各種款式型號的筆記型電腦　❷3C產品的周邊配件

又稱為「珠仔街」；而鄰近的大南街，昔日整條街道上掛滿一個個舊式招牌，每個都經歷了歲月和風霜的洗禮，極具香港懷舊的特色風味，就連好萊塢電影《變形金剛4》也特意來大南街取景，後來政府因為安全問題，所有招牌已拆除，這樣的特色街道也在香港絕跡，只能從電影或是照片尋回老香港的風貌。

❶❷❹ 各式各樣、五彩繽紛的手工藝材料　❸製作皮革藝品的工具　❺香港風格的舊式招牌，現在也成了歷史回憶　❻特色徽章飾品

香港地鐵：荃灣線

尖沙咀站 ↓ 佐敦站 ↓ 油麻地站 ↓ 旺角站 ↓ 太子站 ↓ 深水埗站 ↓ 葵芳站

平價商品購物天堂
深水埗電子特賣城

MAP P.89／B2
出地鐵站
步行約1分鐘

DATA

🌐 www.sspgadgetoutlet.com 📍九龍深水埗福華街161-175號福仁商場地面1-10號 ☎2387-3666 🕐10:00～21:30 ➡️從港鐵深水埗站D2出口，前行於福華街右轉，步行約1分鐘即可抵達

　　於2011年開業至今，是位於深水埗的知名特價賣場，以價廉物美著名。不少在地居民和遊客光顧，裡面經常擠得水洩不通。這裡商品種類繁多，包括家品、露營用品、運動裝備、廚房用具、電子產品及潮流服飾，價錢低至$1，吸引不少人慕名而來。賣場以「買野平過上淘寶」為口號，成為深水埗重要的地標，滿足不同顧客的需求，是購物愛好者的天堂。

口耳相傳的人氣腸粉
合益泰小食

MAP P.89／B2
出地鐵站
步行約半分鐘

DATA

📍九龍深水埗桂林街121號地下 ☎2720-0239 🕐06:00～20:00 💰每人均消HK$40以下 ➡️從港鐵深水埗站C2出口，沿桂林街前行約半分鐘即可抵達

　　這家小店已經在深水埗經營了10多年，是我覺得最好吃的腸粉店，雖然名氣不大，但在街坊鄰居中有很高的人氣和口碑，價錢更相當實惠，單是腸粉，每天就可以賣到上萬條，只是店內空間較小，很多人習慣外帶，或是站在店門外直接享用；帶有米香的薄皮腸粉，配上混和了豬油的特製醬油，如此就十分好吃，還可依照自己的口味，加上甜醬、辣醬、麻醬或炒香的芝麻，非常夠滋味，另外還有燒賣、牛肉球、炒麵及粥品等，每天都吸引長長的外帶人龍呢！

1 香滑可口的腸粉 **2** 接連不斷的外帶排隊人龍 **3** 綿密滑順的牛肉粥

特色美食

「名」氣排隊美食豬肝麵
維記咖啡粉麵

MAP P.89／C2
出地鐵站步行約分3鐘

DATA

📍九龍深水埗福榮街62號、66號地下 📞2387-6515 🕐週一～週五06:30～20:30，週六、日、節日06:30～19:15 💰每人均消HK$40以下 ➡️從港鐵深水埗站D2出口，沿桂林街前行，於福榮街右轉直走，全程約3分鐘即可抵達

在深水埗很有「名」氣的茶餐廳，短短一條街內已經開了3家分店，由於分店集中，所以能保持一貫的水準，不少名人明星都是他們家的座上客，每當假日的用餐時段，都會排了長長的隊伍；這裡的招牌菜是豬肝麵和咖央多士(椰醬吐司)，豬肝吃下去極為爽口軟嫩，配上香濃湯底，實在非常美味，但可惜的是沒有提供套餐，飲品要分開購買。

1 咖央多士 2 豬肝麵 3 即使有3間分店，但仍然經常爆滿

平民化的星級米其林美味
添好運點心專門店

MAP P.89／D3
出地鐵站步行約8分鐘

DATA

📍九龍深水埗福榮街9-11號地下 📞2788-1226 🕐週一～五10:00～21:30，週六、日、節日09:00～21:30 💰每人均消HK$80以下 ➡️從港鐵深水埗站B2出口，沿北河街方向前進，再於福榮街右轉前行，全程約8分鐘即可抵達 ℹ️用餐人數眾多，尖峰時間約需排隊30～60分鐘；無特殊優惠時段

自2009年開業後不到1年，就獲得國際飲食權威「米其林」評鑑為一星級，其後在香港開設多間分店，更於2013年在新加坡開設首家海外分店，雖然現在台灣已經有分店了，但香港的在地店仍有其精華之處，吸引不少旅客慕名而來。「添好運」是目前價格最便宜的米其林餐廳，一般點心只需HK$20左右，作為一間「星級食府」，新鮮當然是必要的，以「現點現蒸」的方式出餐，招牌菜有酥皮焗叉燒包、晶瑩鮮蝦餃、黃沙豬潤腸、古法糯米雞、杞子桂花糕等等，其中我個人比較推薦酥皮焗叉燒包，外層酥脆而內裡有豐富的叉燒餡料，口感十分特別。

1 古法糯米雞
2 香滑馬拉糕
3 豉汁蒸鳳爪
4 黃沙豬潤腸(腸粉)

香港地鐵：荃灣線

尖沙咀站 → 佐敦站 → 油麻地站 → 旺角站 → 太子站 → **深水埗站** → 葵芳站

95

特色美食

一店兩賣茶餐廳
新香園(堅記)

MAP P.89／B3
出地鐵站步行約3分鐘

DATA

📧九龍深水埗桂林街38號A地下 📞2386-2748 🕕06:30～18:00 💰每人均消HK$40以下 🚇從港鐵深水埗站C2出口，沿桂林街前行，全程約3分鐘即可抵達

　為什麼說他們一店兩賣呢？其實「新香園」和「堅記」是2間相鄰的店舖，前者賣三明治和奶茶，而後者是各類粥麵，2家的精髓結合在一起，成為現在的店面。這裡是深水埗區內少數24小時營業的茶餐廳，最有名的是「蛋牛治」(雞蛋牛肉三明治)，比別家出色的原因在於，不使用一般的罐裝鹹牛肉，而是以新鮮的手切牛肉，配合沙嗲醬、醬油、砂糖等調味料醃製，再加入雞蛋用大火快炒而成，夾在表面金黃香脆的吐司中間，形成非常不錯的味道，同場還有堅記的招牌菜「南乳豬手麵」(豬腳麵)，也是不錯的選擇。

1 西多士(法式吐司) 2 3 遠近馳名的「蛋牛治」(雞蛋牛肉三明治)
4 新香園的店面外觀

港味熱炒大牌檔
愛文生

MAP P.89／B3
出地鐵站步行約7分鐘

DATA

📧九龍深水埗荔枝角道215號 📞2393-9315 🕕17:00～23:30 💰每人均消HK$100以下 🚇從港鐵深水埗站A2出口，沿北河街前行穿越5個路口，於荔枝角道左轉直走，到石硤尾街右轉，全程約7分鐘即可抵達

　雖然我也喜歡吃點心和光顧茶餐廳，但是多了也會感到乏味，而且要體驗香港真正的道地風味，首選就一定是大牌檔；香港的大牌檔類似台灣的熱炒店，但菜色不一樣、分量比較多，其中我要推薦的，是在深水埗有50多年歷史的老字號愛文生。由路邊的鐵皮攤開始經營，到現在已有4間相連店面，但依舊保留著髒兮兮的風格，透過開放式的廚房，可以看到師傅炒得火光熊熊、架式十足；這裡的每道小炒都色香味美，即使隨便挑也不怕中雷，

96

特色美食

快要失傳製麵手藝
劉森記麵家

MAP P.89／B2
出地鐵站步行約3分鐘

DATA

📧 九龍深水埗桂林街48號地下 📞 2386-3533 🕐 11:30～21:30 💰 每人均消HK$40左右 🚇 從港鐵深水埗站D2出口，沿桂林街前行約3分鐘即可抵達

　　看似普通的小店，賣的麵卻絕不普通，這裡販售的是全手工製作的竹昇麵(竹竿麵)；竹昇麵的製作方法，先固定竹竿的一端，另一邊放上加了鴨蛋的麵團，師傅坐在竹竿的另一端，以竹竿重複用力地把麵團壓薄，然後再切成麵條，因為製作過程辛苦繁複，現在很少有店家會製作這樣的麵條了。餐桌上放有自製的酸蘿蔔當開胃菜，提供客人自由取用，這裡的招牌菜是蝦子(蝦卵)撈麵，撒上蝦卵的爽口彈牙麵條，連香港知名美食家蔡瀾先生也大力推薦；我比較喜歡這裡的黑柏葉(牛百葉、牛肚)，爽脆可口、不會太硬，絕對值得一試。

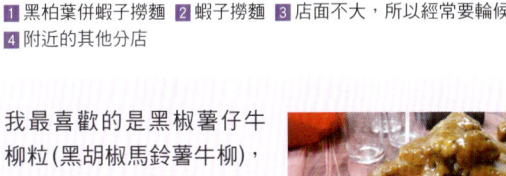

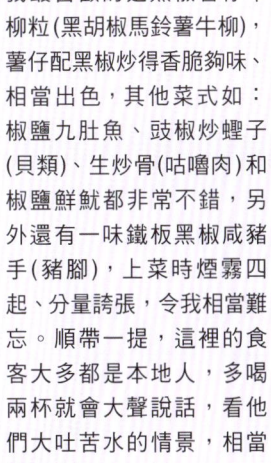

1 黑柏葉併蝦子撈麵　2 蝦子撈麵　3 店面不大，所以經常要輪候入座
4 附近的其他分店

　　我最喜歡的是黑椒薯仔牛柳粒(黑胡椒馬鈴薯牛柳)，薯仔配黑椒炒得香脆夠味、相當出色，其他菜式如：椒鹽九肚魚、豉椒炒鯪子(貝類)、生炒骨(咕嚕肉)和椒鹽鮮魷都非常不錯，另外還有一味鐵板黑椒鹹豬手(豬腳)，上菜時煙霧四起、分量誇張，令我相當難忘。順帶一提，這裡的食客大多都是本地人，多喝兩杯就會大聲說話，看他們大吐苦水的情景，相當熱鬧有趣。

1 必點的黑椒薯仔牛柳粒　2 鐵板黑椒鹹豬手　3 生炒骨　4 椒鹽鮮魷　5 在轉角的店面外觀

香港地鐵：荃灣線

尖沙咀站 ↓ 佐敦站 ↓ 油麻地站 ↓ 旺角站 ↓ 太子站 ↓ **深水埗站** ↓ 葵芳站

97

特色美食
CP值第一、本地最夯甜品舖
松記糖水店

MAP P.89／A1
出地鐵站
步行約6分鐘

DATA

http www.chungkeedessert.com.hk ✉ 九龍長沙灣元州街162-188號天悅廣場CB58號舖 ☎ 2720-7123 🕐 週二～日14:00～凌晨00:00 休 週一 💲 每人均消HK$40以下 ➡ 從港鐵深水埗站D2出口，沿桂林街前行，於元州街左轉直走，全程約6分鐘即可抵達

在眾多連鎖糖水店中，松記糖水店是不錯的一間，雖然名氣不及其他品牌高，但論CP值絕對是當中第一；憑著味美、款式多和價錢便宜，早已在深水埗打響名堂，分店越開越多，但卻沒有因此漲價，多年來深受本地人歡迎，稱得上是香港最夯的糖水店。這裡的招牌菜，是加入水果跟小粉圓、口味比較大眾化的「幻彩明珠」(類似西米露)，還有台灣不常見的「楊枝甘露」(類似芒果西米露)，而熱食我會推薦芝麻和花生湯圓，這幾款都非常不錯。

1 桂圓蓮子蛋茶 **2** 幻彩明珠(水果西米露) **3** 即使凌晨時分，店內仍然座無虛席

特色美食
另類進補、養生祕方
蛇王協

MAP P.89／B3
出地鐵站
步行約1分鐘

DATA

http www.shiawonghip.com ✉ 九龍深水埗鴨寮街170號 ☎ 2386-9064、2728-5600 🕐 11:00～22:00 💲 每人均消HK$40以下 ➡ 從港鐵深水埗站A2出口，於鴨寮街左轉前行，全程約1分鐘即可抵達

隱藏在繁榮的鴨寮街一角，屹立在深水埗40多年，這裡販售的蛇羹童叟無欺。蛇王協的第二代傳人是一位女性，有「蛇后」之稱的周嘉玲，她可是香港少數的捉蛇專家；這裡精製的蛇羹，蛇肉撕得粗細具備，拌以少許肉絲和木耳，富有獨特口感，更散發陣陣香味，細問之下，原來店家放入大量蛇骨熬製，加上蛇肉富含氨基酸、蛋白質，所以民間喜歡以吃蛇羹作秋冬進補之用，因此也有一句俗語「秋風起三蛇肥」，意思是指入秋後就是吃蛇羹的好時節。

1 以前放毒蛇的櫃子 **2** 店內擠滿等候的客人 **3** 太史五蛇羹

一杯一碗的順滑清新
公和荳品廠

MAP P.89／C2
出地鐵站步行約半分鐘

DATA
- 九龍深水埗北河街118號地下
- 2386-6871
- 07:00～21:00
- 每人均消HK$40以下
- 從港鐵深水埗站B2出口，沿北河街前行約半分鐘即可抵達

已有百年歷史的公和荳品廠，在深水埗開業也約有60年，一直沿用前鋪後廠的方式，製作出新鮮的豆類產品，其品質相對穩定許多。創辦人的後人將業務轉讓給現任老闆，但豆腐的製法和店內的裝潢，並沒有絲毫改變，依舊是馬賽克磚、吊扇和時鐘；來這裡必定要點「一杯一碗」，先來一杯柔滑清新的豆漿，再加一碗嫩滑順喉的豆花，不用咀嚼已經直滑喉中，加點黃糖散發絲絲甜味，分外好吃。若不夠滿足，還可點煎釀雙拼，豆卜(油豆腐)和釀豆腐同樣煎得金黃香酥，即使不加醬料已經非常好吃，難怪多年來一直深受歡迎，備受街坊及遊客追捧！

1 餐牌清楚好讀　2 很讚的招牌必點原味豆花　3 煎釀雙拼(豆腐)　4 現場製作的新鮮美味

具香港風味的平民美食
文記車仔麵

MAP P.89／B2
出地鐵站步行約3分鐘

DATA
- 九龍深水埗福榮街121號地下
- 9059-5104
- 11:00～凌晨01:00
- 每人均消HK$50以下
- 從港鐵深水埗站D2出口，沿桂林街前行，於福榮街右轉直走，全程約3分鐘即可抵達

車仔麵是香港比較平民的美食代表，過往一般店家都會放在一輛金屬的手推車上售賣，所以又名「車仔麵」，又因價格親民，選擇種類繁多，而深受普羅大眾所歡迎，礙於售賣的地方比較市井，所以給人一種不潔淨的感覺。這家形象剛好相反，店面整潔，在短短一條街就有3間分店，更被米其林指南評為街頭推薦小吃，人客不絕。他們的瑞士雞翼相當嫩滑入味，而車仔麵的選擇我就喜歡白蘿蔔、辣魷魚、牛腩再搭配他們的祕製辣汁。

1 排隊是等閒事　2 瑞士雞翼　3 車仔麵選擇種類多樣

香港地鐵：荃灣線

尖沙咀站→佐敦站→油麻地站→旺角站→太子站→**深水埗站**→葵芳站

荃灣線
Tsuen Wan Line

在地人生活購物必逛熱點

葵芳站
Kwai Fong

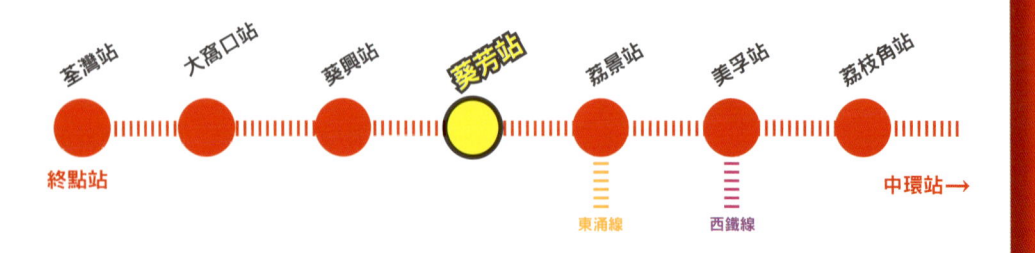

荃灣站 — 大窩口站 — 葵興站 — **葵芳站** — 荔景站 — 美孚站 — 荔枝角站

終點站　　　　　　　　　　　　　　　　　東涌線　西鐵線　　　中環站→

葵芳站周邊街道圖

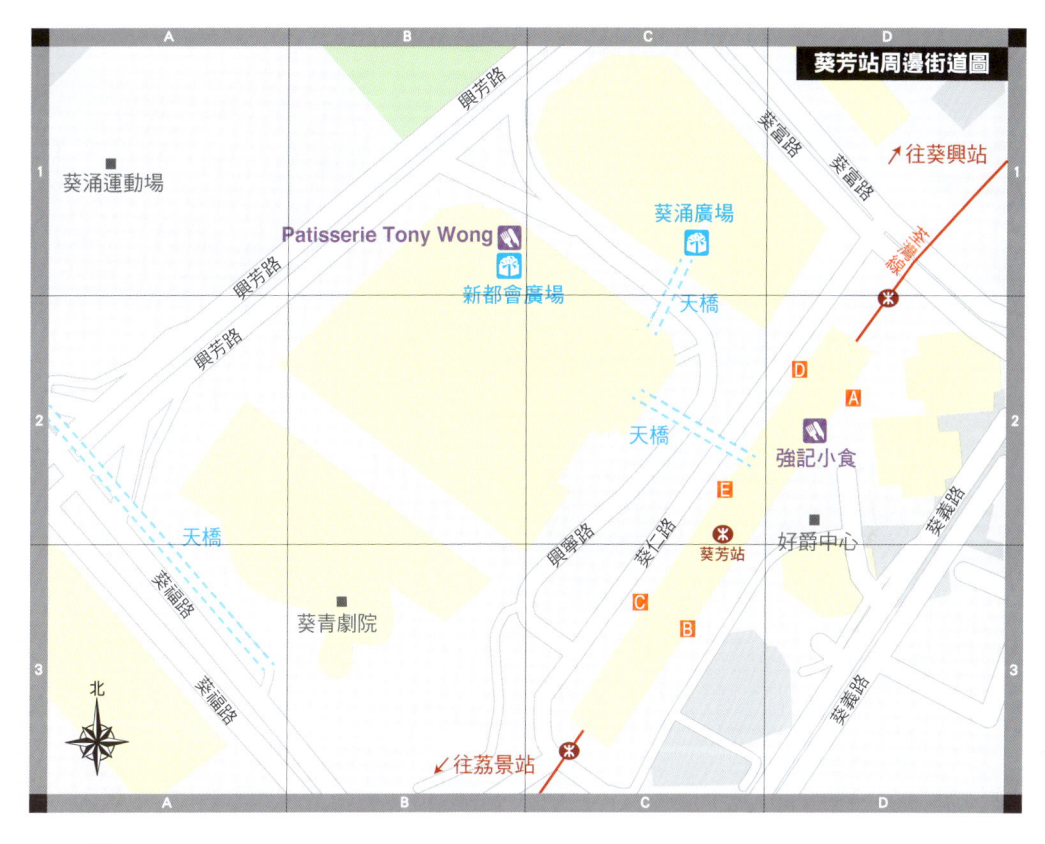

在地圖上並沒有「葵芳」這個地名，葵芳站是因附近的葵芳邨而得名，實際地理位置是葵涌，葵涌和青衣是同一區，合稱「葵青區」。葵芳站一帶有很多工商和住宅區，鄰近的葵涌貨櫃碼頭算是比較有名的，它曾經是全球最繁忙的貨運港口，是香港過往重要的經濟命脈。葵芳站作為周邊的交通中轉站，上下班時間和假日都是人潮洶湧，附近的新都會廣場和葵涌廣場更是年輕人購物休閒必到的好去處，到訪此處能體驗在地人的生活實況。

香港地鐵：荃灣線

尖沙咀站 → 佐敦站 → 油麻地站 → 旺角站 → 太子站 → 深水埗站 → 葵芳站

101

老少同歡的休閒娛樂熱點
新都會廣場

MAP P.101/B1
出地鐵站步行約2分鐘

DATA

www.metroplaza.com.hk　新界葵涌興芳路223號　2429-6500　10:00～22:00(各店相異)　從港鐵葵芳站D出口，前行穿過2條斑馬線，全程約2分鐘即可抵達；從港鐵葵芳站E出口即可抵達

這個商場已經開業多年，於2017年才完成大規模的翻新工程，整個商場的配置絕對不遜色於旺區的大型商場，內含電影院、大型超市和多間日本大型連鎖店等，可算是麻雀雖小，五臟俱全，是年輕人的休閒娛樂熱點。新建成的露天廣場占地達4萬呎，設有很多特色牆和立體裝置設計，是人們拍照打卡的景點。而位於商場5樓的歷奇公園，內有3.5公尺高的滑梯及各種戶外遊樂設施，必定令小朋友們樂而忘返。

1 2 露天廣場和商場中庭不定期會更換布置

購物美食大迷宮
葵涌廣場

MAP P.101/C1
出地鐵站步行約2分鐘

DATA

新界葵涌葵富路7-11號　10:00～22:00(各店相異)　從港鐵葵芳站D出口，靠右前行穿過1條斑馬線，全程約2分鐘即可抵達；從港鐵葵芳站E出口，前行進入新都會廣場後，靠右經過行人天橋，全程約2分鐘即可抵達

把這裡稱作「迷宮」絕對不會誇張，在4層高的舊式商場裡，約有1千多間林林總總不同風格的特色小店，包含食店、服裝、飾品、電子配件、書店、藥妝、玩具及特賣場等，第一次來的人絕對會摸不清方向。其中約80%是售賣年輕時尚女性服飾，無論是日系甜美風，或是近年大熱的韓國服飾都有，價格合宜，性價比高，吸引一眾女學生來購物。3樓則以小吃店為主，便宜美味的小吃都可以在這裡找到；每到假日必定人潮擁擠，所以這裡被喻為「平民化的購物天堂」。

1 貼近潮流的服飾店　2 種類繁多的涼果

特色美食

隱藏巷弄的饕客級美食
強記小食

MAP P.101／D2
出地鐵站
步行約半分鐘

DATA
🚇新界葵芳港鐵葵芳站A出口 ⏰週一～六15:00～22:00 🚫週日 💰每人均消HK$30以下 ➡️從港鐵葵芳站A出口右轉，沿小巷直走，全程約半分鐘可抵達

這間是「葵青區」的居民也必定知曉的平民小食，小小一間藏在巷子裡，店外經常排滿一條長長的人龍。最多人點的是魚蛋，會比坊間偏小顆一點，可是相當彈牙、富有陳皮香味，搭配祕製辣汁，辣味持久，十分惹味。山竹牛肉亦是這裡的招牌之一，我每次也必定會吃，牛肉與一般常見的也有分別，口感比較扎實一點，咬下去很有彈性，配以豉油，鹹中帶甜，格外加分。

1 招牌牛肉球和祕製魚蛋　**2** 小小的店面

口感與外貌兼具的精緻甜點
Patisserie Tony Wong

MAP P.101／B1
出地鐵站
步行約2分鐘

DATA
🌐www.patisserietonywong.com 🚇新界葵涌興芳路223號新都會廣場3樓329號舖 ☎2410-8118 ⏰11:00～20:00 💰每人均消HK$100以下 ➡️從港鐵葵芳站D出口，前行穿過2條斑馬線，全程約2分鐘，按商場指示即可抵達；從港鐵葵芳站E出口，按商場指示即可抵達

每一款甜品都非常精緻，好看又好吃，創意來自於手藝出眾的老闆兼總廚，黃耀文先生(Tony Wong)，他是前帝苑酒店擔任行政糕餅總廚，亦是曲奇四重奏的合夥創辦人之一，有超過40年製作糕點的經驗，是甜界的能手。其招牌是玫瑰花蛋糕，用巧克力做成的玫瑰花瓣，無不讓人心動，送給女生當作生日蛋糕，這款鐵定是首選。「梳乎厘班戟」(舒芙蕾鬆餅)同樣出色，入口軟綿綿、甜而不膩，絕不遜色於外國的甜品店。

1 玫瑰花蛋糕　**2** 店面光潔明亮　**3** 巧克力口味梳乎厘班戟

香港地鐵：荃灣線
尖沙咀站→佐敦站→油麻地站→旺角站→太子站→深水埗站→葵芳站

港島線
Island Line

中西文化交融的發源地

香港大學站
西營盤站
HKU、Sai Ying Pun

堅尼地城站　香港大學站　西營盤站　上環站　中環站　金鐘站　灣仔站

終點站　　　　　　　　　　　　　　　　　　　　　　　　　　　　柴灣站→

機場快綫　東涌綫　荃灣綫　　荃灣綫　南港島綫
(通過地下步道往香港站轉乘)

香港大學站、西營盤站周邊街道圖

香港地鐵：港島線

香港大學站、西營盤站 → 上環站 → 中環站 → 灣仔站 → 銅鑼灣站 → 北角站

位處西營盤和堅尼地城之間的石塘咀，正是今日香港大學站的所在，昔日石塘咀一帶是妓院林立的紅燈區，故有「塘西風月」之稱，直至1935年香港依隨英國立法禁娼才告一段落。營盤是指軍營，西邊的軍營就是西營盤，1841年英軍占領香港時駐紮於此地，「西營盤」便從那時沿用至今。香港開埠初期，由西營盤延伸至堅尼地城的沿海位置，有不少遠洋船隻靠岸，由貿易所衍生出的工作養活了當時的華人。如今的西營盤雖然是舊區，卻展現出華洋雜處的面貌，蘊藏了不少香港歷史典故，值得一一發掘。

105

遊賞去處

「孫中山史蹟徑」的首站
香港大學本部大樓

MAP P.105 / B3
出地鐵站步行約3分鐘

DATA

🌐 www.hku.hk 📧 香港薄扶林道香港大學本部大樓 📞 2859-2111 🕐 週一～六 08:00～18:30(需提前網上預約參觀)，預約參觀請洽：tourist-registration-form.hku.hk/?lang=tc#/pages/index/index ➡ 從港鐵香港大學站A1出口，搭乘升降機至薄扶林道，右轉靠右沿校園內的行人路前行，全程約3分鐘即可抵達

香港大學於1911年創校，本部大樓於1912年落成，是香港歷史最悠久的高等學府，現已列為法定古蹟。大樓採用後文藝復興時期的建築風格，以紅磚及花崗石建造，以鐘樓為主軸，左右對稱，並連接4座塔樓，大樓2樓設有迴廊和陽台，整座大樓充滿了古典氣息，吸引不少人到這裡拍婚紗。二次世界大戰期間，這裡曾被占領作醫院之用，大部分木製材質被用作燃料，建築物只剩頹垣敗瓦，直至戰爭結束後，經過修復，才有今日的模樣。

1 本部大樓的鐘樓
2 本部大樓內的園庭

國父孫中山先生曾於香港大學前身——香港西醫書院就讀，是第一屆的畢業生，他深深感受到西方文明社會的好處，從而思考救國救民之路。及後於1923年，應港大學生會之邀請回到母校陸祐堂演說，他於演說中道：「我心情有如歸家，因為香港與香港大學是我知識誕生之地。」可見這段求學過程對他人生的影響有多麼深。香港大學亦是「孫中山史蹟徑」的首站，可到此尋訪國父足蹟。

特色美食

香味撲鼻的焦脆煲仔飯
坤記煲仔小菜

MAP P.105 / D2
出地鐵站步行約3分鐘

DATA

📧 香港西環西營盤皇后大道西263號和益大廈地下1號舖 📞 2803-7209 🕐 週一～六11:00～14:30(午市)，週一～日18:00～22:30(晚市) 💰 每人均消HK$100以下 ➡ 從港鐵西營盤站A2出口，左轉後沿德輔道西前行，到達桂香街左轉前行，全程約3分鐘即可抵達

這裡總是門庭若市，一直是我口袋名單之一，若不預訂，恐怕沒有座位。招牌是煲仔飯，火候控制得很好，飯焦得香脆，美味非凡；白鱔是我的最愛，白鱔不會煮得太熟，上桌時依然保持嫩滑的口感，可按自己的口味加入適量的豉油。

若只吃煲仔飯會感覺有點單調，我也很推薦這裡的小菜：椒鹽九肚魚，外層炸得結實夠酥脆，不會散開，配以椒鹽，香口惹味。豬骨煲亦超級推！鮮甜的湯頭，滿滿的骨膠原，不過一整份煲的分量有點多，建議有相應人數才點這道，不然肚皮也支撐不了。

1 店家外部 2 白鱔煲仔飯 3 椒鹽九肚魚

老字號傳統港式小店
英記麵家

MAP P.105／D3
出地鐵站 步行約7分鐘

香港西營盤高街28號 2540-7950 09:00〜19:00 每人均消HK$50以下 從港鐵西營盤站B2出口，左轉於第二街前行，到達正街右轉沿斜坡直上，於高街左轉，全程約7分鐘即可抵達

於1994年開業至今，在區內相當老字號，經常有不少捧場客。店內環境是傳統的港式小店風，店員都是叔叔嬸嬸，有一種家庭式溫暖感覺。雖然其貌不揚，但憑着手藝出眾，多年間入選米其林指南必比登推介。招牌牛腩經過多重工序，細選優質牛坑腩，經過多番燜煮、浸泡以達至軟腍(軟嫩)入味，搭配廣東麵食，性價比極高。

1 招牌牛腩河 2 3 店裡內外都是老店一貫風格

獨門配方讓你一嘗傾心
周記點心

MAP P.105／C2
出地鐵站 步行約4分鐘

香港西環西營盤水街東利大廈地下H1號舖 2559-2389 週二〜日08:00〜18:00 週一 每人均消HK$50以下 從港鐵香港大學站B1出口，右轉沿皇后大道西前行，到達水街左轉前行，全程約4分鐘即可抵達

在香港眾多茶餐廳和點心店之中，能夠成功突圍就必定擁有獨門的招數，這裡就是其中一間。招牌是奶黃流沙西多士，顧名思義就是在西多士裡加入了奶黃流沙，類似中式點心流沙奶黃包，一切開就有澎湃的奶黃湧出，相當吸睛。另一款我比較推薦的是芝麻蝦多士，外層布滿芝麻、炸得金黃香脆，裡面蝦膠結實帶彈性，配以沙拉醬，滋味十足。

1 奶黃流沙西多士 2 芝麻蝦多士 3 中午時間是排隊的高峰期

香港地鐵：港島線

香港大學站、西營盤站 → 上環站 → 中環站 → 灣仔站 → 銅鑼灣站 → 北角站

107

港島線
Island Line

老建築的懷舊香港味

上環站
Sheung Wan

堅尼地城站 — 香港大學站 — 西營盤站 — **上環站** — 中環站 — 金鐘站 — 灣仔站

終點站　　　　　　　　　　　　　　　　　　　　　　　　　　　　　　柴灣站→

機場快綫 東涌線 荃灣線　荃灣線 南港島線
(通過地下步道往香港站轉乘)

上環站周邊街道圖

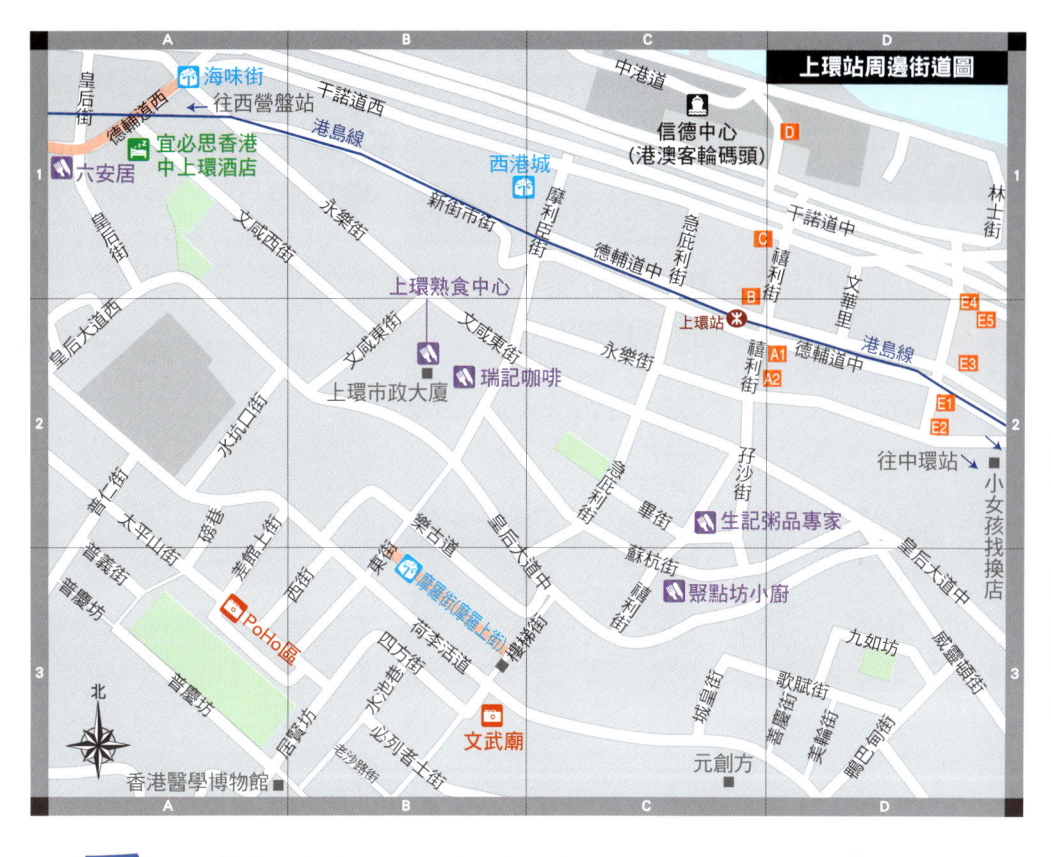

香港地鐵：港島線

香港大學站、西營盤站 ▸ **上環站** ▸ 中環站 ▸ 灣仔站 ▸ 銅鑼灣站 ▸ 北角站

香港開埠初期的華人商業區，鄰近永樂街碼頭，貨運貿易業非常興旺，所有生活必需品這裡都有；當時以干諾道西的白米批發、轉運為最大生意，德輔道西是販售鹹魚著名的「鹹魚欄」，蘇杭街聚集了許多開設絲綢布莊的商人，永樂街和文咸西街的海味乾貨，以販售藥材聞名的高陞街，很多商家都傳承至今。這裡也是華人聚居、廟宇林立的區域，當中以文武廟最為著名，也有不少英式古老建築，例如曾經是菜市場的西港城；近年還有許多新興設計師及藝術家進駐此區，開設以時裝、藝廊、設計家飾等商品為主的時尚店面，為上環注入了活化的新動力。現在的上環是結合傳統古老特色及新穎創意的地方，完全展現香港中西文化融合的優點，來這裡逛逛必定會找到驚喜。

109

香港達人 HongKong
3大推薦地

遊客必訪
六安居
要感受香港舊式茶樓的氣氛，到寬敞明亮的懷舊茶樓，會更加舒適自在！(見P.114)

作者最愛
瑞記咖啡
這種個體經營的小店，相信會在若干年後慢慢消失，要趁現在好好珍惜、多多捧場。(見P.115)

在地人首推
海味街
在這裡可以找到最貨真價實的乾貨海產，選擇及種類都是全世界最多的！(見P.112)

華人的信仰中心
文武廟

MAP P.109／B3
出地鐵站步行約8分鐘

DATA

香港上環荷李活道124-126號　2540-0350　08:00〜18:00
從港鐵上環站A2出口，沿禧利街走至皇后大道中右轉，再沿樂古道旁的樓梯街往上走至荷李活道，全程約8分鐘即可抵達

建於1847年，分別由文武廟、列聖宮、公所等三幢築有金字型屋頂的青磚建築物組成，是香港著名的廟宇；主要供奉掌管知識的文昌帝，和代表仁勇忠義的武帝關公，同時亦供奉觀音、包公、天后、城隍及龍母等，每位都是形象正面、備受民間所愛戴，不少父母也會帶子女前來祈福，還會摸廟內的金筆及關刀，以求得神明保佑。在香港開埠初期，此處有著多種用途，華人素有「生不入官門」的傳統心態，加上殖民地政府對華人暫時採取不干預政策，所以這裡的公所便成為議事場地，訂立誓約時會在神壇前「斬雞頭、燒黃紙」以示有效，之後社會各項制度日漸完備，便恢復成普通的廟宇。

廟內掛滿圓形的線香塔

創意個性盡情展現
PoHo區

MAP P.109/A3
出地鐵站步行約10分鐘

DATA

香港上環太平山街 ⏰08:00～20:00(各店相異) ➡️從港鐵上環站A2出口，右轉於永樂街前行，到急庇利街左轉直走到底，於皇后大道中右轉前行，於東街左轉往上直走，穿過4個路口，全程約10分鐘即可抵達

　　富有傳統特色的上環區，已經有不少設計師和藝術工作者，在此靜悄悄地發起革命；荷李活道上方有很多低矮的舊式房屋，進駐了不少特色小店、時裝店、畫廊、家具店及咖啡店，多元文化在這個小社區裡遍地開花。太平山街、普慶坊為首的西街一帶，集結了多個香港的創意品牌，音樂、藝術、生活及時尚等一應俱全，每到假日這裡便人流不斷，可以悠閒地走在寬闊的街道上，也可以在一旁品味咖啡，有時候還會有現場音樂表演，在充滿著異國情懷的小街道上，悠然自得地度過一個下午，尋找自己心中的寶藏。

1 太平山街在荷李活道上面 2 周邊藝廊展出的藝術品 3 假日的街頭音樂表演 4 很有特「色」的古董店 5 色彩繽紛的花店

香港地鐵：港島線

香港大學站、西營盤站　**上環站**　中環站　灣仔站　銅鑼灣站　北角站

111

古物尋寶特色街道
摩羅街

MAP P.109／B3
出地鐵站
步行約7分鐘

DATA

香港上環摩羅上街 ⏰09:00～20:00(各店相異) 🚇從港鐵上環站A2出口，右轉於永樂街前行，到急庇利街左轉直走到底，於皇后大道中左轉前行，穿過斑馬線後於樓梯街再往上走，全程約7分鐘即可抵達 ⓘ大多店家都不准拍照，若要拍照請先詢問店家

　　摩羅街分為上街及下街兩段，但一般說到的都是指上街的部分。香港開埠初期，不少遠洋商船或海軍艦艇都會在香港停泊，船上的印度水手喜歡在此擺賣旅途上蒐集的貨品，當時香港人稱印度人為「摩羅」，而街名中的英文「Lascar」亦是印度船員的統稱，因此而得名。另外，香港人會將贓物稱作「老鼠貨」，當年賊人會在此將贓物賣給店家圖利，雖然現在已經沒有「老鼠貨」可買了，但還是會把來這裡尋寶的人稱作貓，所以亦有貓街之稱。這裡的商店和攤販主要是販售一些古董擺設、字畫、古玉等特色舊物，大家不妨來尋寶一番。

1 路旁攤販販售很多懷舊風的東西　2 沿樓梯街上去，看到這塊路牌就對了

乾貨集散中心、港版迪化街
海味街

MAP P.109／A1
出地鐵站
步行約8分鐘

DATA

香港上環德輔道西 ⏰09:00～19:00(各店相異) 🚇從港鐵上環站A2出口，右轉沿永樂街前行，經過上環熟食中心後繼續沿永樂街前行，全程約8分鐘即可抵達

　　德輔道西有海味街之稱，單是上環一帶就有200多間販售海味乾貨的店鋪。昔日的永樂街碼頭附近，有很多買賣中國及東南亞土產雜貨的商行，是南來北往的集散轉運中心，故有南北行之稱；現在香港是全世界最大的海味乾貨集散地，德輔道西、永樂街及文咸西街一帶就雲集了最高品質的海參、乾鮑、花膠、元貝、魚翅、蠔豉及冬菇等各種海味乾貨，每逢農曆新年前夕，香港人都會來這裡選購年貨，喧嚷熱鬧的場面，更凸顯濃厚的節慶氣氛，永樂街亦有蔘茸燕窩街之稱，以販售高價的乾貨商品出名，建議在購買之前，多走幾家做比較，才能買到品質好、價格公道的商品。

1 滿街都是販售海味乾貨的店鋪　2 3 4 各類乾貨、乾鮑、花膠　5 知名的廣東新會陳皮

西港城

英式風格的重要地標商場

MAP P.109/B1
出地鐵站步行約3分鐘

DATA

http www.westernmarket.com.hk ✉香港上環德輔道中323號 ☎6029-2675 ⏰09:00～22:00(各店相異) 🚇從港鐵上環站B出口,右轉沿德輔道中前行,全程約3分鐘即可抵達

從1906年落成至今,見證著上環的微妙變遷,整幢建築用花崗石、鑄鐵和紅磚等材料建造而成,外型是英國愛德華式風格,這種設計在19世紀初期非常流行,做工亦相當典雅細緻,但萬萬也想不到,這建築前身居然是菜市場!時到今日,已改為複合式購物商場,地下包含商店和餐廳,1樓則販售布匹和絲綢為主,2、3樓是設有特色舞台的飯店;為配合香港氣候,這幢外型古樸的大樓,頂部以瓦片鋪設,展現出香港早期中式與西式建築風格所相融的獨特色彩,是上環區的重要地標。

1 仿古的電話亭 **2** 1樓商店內的各色布匹 **3** 英式的復古外觀,相當有特色風味

生記粥品專家

連粥底都很講究的鮮味魚粥

MAP P.109/C2
出地鐵站步行約3分鐘

DATA

✉香港上環畢街7-9號 ☎2541-1099 ⏰週一～六06:30～20:30 休週日及公眾假期 💰每人均消HK$50以下 🚇從港鐵上環站A2出口,右轉沿永樂街前行,於禧利街左轉直走,經過文咸東街路口,繼續前行於畢街左轉,全程約3分鐘即可抵達

沒有星級裝潢,空間也略為狹窄,但這裡曾被美食家蔡瀾譽為是全香港最好吃的粥,若沒有下足功夫,怎能稱得上數一數二。廣東的粥品講求綿滑,製作出一碗佳品更是費時,店家每天凌晨用豬骨、瘦肉及甘貝熬煮4個小時,然後加入泰國香米和腐竹(腐皮)再煲上3小時,令粥底綿軟甘香。這裡的配料組合非常多,我最愛魚腩牛肉粥,下單後才會把配料放進粥底,如火鍋般將配料煮熟,在廣東話中會稱此作「生滾」,魚腩肉汁摻進粥內,不用加任何調味料已鮮味無比,絕對令人一試難忘。

1 牛肉嫩、粥底鮮,無懈可擊
2 轉角的另外一家分店

香港地鐵:港島線
香港大學站、西營盤站 ➡ 上環站 ➡ 中環站 ➡ 灣仔站 ➡ 銅鑼灣站 ➡ 北角站

113

特色美食

舊式傳統茶樓的美味

六安居

DATA MAP P.109／A1 出地鐵站 步行約12分鐘

📧 香港上環德輔道西40-50號2、3樓 📞 2156-9328 🕐 06:00～16:00、18:00～22:00 💰 每人均消HK$100以下 ➡ 從港鐵上環站A2出口，右轉沿永樂街前行，經過上環熟食中心後繼續前行，於德輔道西左轉直走，全程約12分鐘即可抵達

　　昔日中環的蓮香樓和上環的蓮香居，都是上層飲茶、下層賣餅，而且同為舊式風味的茶樓，兩者關係錯綜複雜，曾因「蓮香」商標問題對簿公堂，最終和解。之後蓮香居改名為「六安居」，以原始班底繼續經營，要說的話，個人是比較喜歡後者的餐飲。

　　樓高3層的六安居寬敞明亮，場內有推著點心車的叫賣大媽、捧著大水煲(大水壺)的師傅，圓形的玻璃桌面配以木框，桌面下有隔層可以擺東西，非常特別、特有味道。這裡很多點心都不可錯過，例如鮮蝦餃、乾蒸燒賣、馬拉糕、蓮蓉包、淮山雞扎(雞捲)等，還要拿着點心紙與其他茶客拚搶點心，相當有風味。我有一次特別的經驗，同桌食客投訴一位很霸氣的老店員服務態度惡劣不佳，雙方破口大罵，其他人在一旁勸阻，場面相當搞笑。不過正是這種人與人之間的互動，才使冷漠的都市更添溫暖。

1 六安居的傳統外觀布置 **2** 保持蓮香居昔日風貌 **3** 叉燒酥 **4** 傳統茶樓才有的點心車 **5** 正在煮熱水的大水煲 **6** 腐皮卷 **7** 牛肉丸

來六安居飲茶

Step 1 進來後先自己找位子，可以和別人併桌

Step 2 向服務員點茶和拿點心卡

Step 3 離座在店內找點心車

Step 4 跟推點心車的大媽選好點心，大媽會在你的點心卡上蓋章記錄

Step 5 吃飽喝足後，拿著點心卡到櫃檯結帳即可

慢工出好味的幸福回憶
瑞記咖啡

特色美食

MAP P.109/B2

出地鐵站步行約3分鐘

DATA

香港上環市政大廈2樓17號舖 ☎2850-8643 ⏰週一～六08:00～15:00 休週日及公眾假期 $每人均消HK$40以下 ➡從港鐵上環站A2出口，右轉沿永樂街前行，看到上環市政大廈，全程約3分鐘即可抵達

位在熟食中心的一個角落，座位不多、陳設簡單，牆上掛了一個很大的紅色木製餐牌，雖然標示了各種餐點的價錢，但卻是看不太懂的古老數字。這裡最有名的是凍奶茶，奶茶會預先倒進玉泉忌廉(冰淇淋蘇打汽水)的玻璃瓶，然後放進冰櫃冷藏，雖然製作的時間較久，但由於沒放冰塊，所以味道不會淡掉；西多士(法式吐司)也有別於其他的茶餐廳，將麵包沾滿蛋漿再煎一下，然後加上煉乳，這正是小時候家裡的做法，而另一個有名的雞蛋牛肉包也是十分好吃。即使簡單的一餐，卻滿載兒時回憶，幸福不就是這樣嗎？

1 西多士(法式吐司)、凍奶茶 **2** 不少年輕人也慕名而至 **3** 雞蛋牛肉包

現點現蒸的即時好味
聚點坊小廚

特色美食

MAP P.109/C2

出地鐵站步行約3分鐘

DATA

香港上環禧利街27號富輝商業中心地下A、B舖 ☎2851-8088 ⏰週一～六10:00～22:00，週日08:00～22:00 最後點餐時間21:30 休節日 $每人均消HK$80以下 ➡從港鐵上環站A2出口，右轉沿永樂街前行，於禧利街左轉直走，到達蘇坑街右轉，全程約3分鐘即可抵達

好吃的點心專門店，除了「添好運」外也還有不少選擇，上環的「聚點坊」就是我的口袋私房好味；早年也只是座位寥寥可數的小店，稱得上是名不見經傳，後來擴充店面才搬到現址，但依然保持原來的品質，重點是味道好加上價錢便宜，CP值極高。我特別推薦他們自創的春風得意腸，腸粉裡面包的是現炸春捲，感覺新穎，其他如雪山叉燒包、流沙奶黃包和蒜香菜苗餃都是出色之作，而最令我驚喜的是北菇滑雞飯，嫩滑的雞肉，肉汁滲透所有飯粒，色香味俱全；重點是他們的點心都堅持現點現蒸，所以每一道菜上桌時都非常火燙，使得美味指數大幅提升，但店家經常更換菜單，能不能遇上全憑運氣。

1 蒜香菜苗餃、雪山叉燒包、流沙奶黃包 **2** 春風得意腸(腸粉包春捲) **3** 餐廳外觀 **4** 連晚上都常常客滿

香港地鐵：港島線

香港大學站 → 西營盤站 → 上環站 → 中環站 → 灣仔站 → 銅鑼灣站 → 北角站

115

港島線
Island Line

日夜相異的萬千魅力

中環站
Central

香港大學站　西營盤站　上環站　**中環站**　金鐘站　灣仔站　銅鑼灣站

←堅尼地城站　　　　　　　　　　　　　　　　　　　柴灣站→

機場快綫　東涌線　荃灣線　荃灣線　南港島線
(通過地下步道往香港站轉乘)

116

中環站周邊街道圖

香港地鐵：港島線

香港大學站、西營盤站　上環站　**中環站**　灣仔站　銅鑼灣站　北角站

　　香港的核心商業區，亦是這個國際金融中心重要的經濟命脈，不少國際大銀行、大企業都會選擇在此設置亞洲總部，還有政府機關及外國領事館等，因此這裡的上班族，大都是穿著光鮮、步伐急速的專業人士；很多國際名牌亦看準這裡的消費力，紛紛在此開設大型旗艦店，中環漸漸變成了國際潮流品牌匯聚的時尚重鎮，也成為觀光客的血拼購物天堂。此外，中環一帶亦保留了不少殖民地時期的古老建築及街道，可以感受到香港中西文化共融、新舊交替並存的獨特性，每轉個彎就會有不同的驚喜；還有必定要去的蘭桂坊，體驗香港夜生活文化，不少國際電影也都會選擇在中環取景，足以證明這裡擁有的獨特魅力。

117

香港達人 HongKong
3大推薦地

遊客必訪
蘭桂坊
即使對夜生活不感興趣，也要去世界知名的蘭桂坊，感受周邊的熱鬧氣氛！(見P.129)

作者最愛
大館
舊中區警署建築群改造成集藝術、歷史、文化的展覽場地，很值得到來探索和發掘！(見P.120)

在地人首推
勝香園
碩果僅存的大牌檔風味，番茄牛肉通心粉和獨家的檸蜜脆脆是必吃的經典！(見P.125)

遊賞去處 | 百年古蹟的特色情調
都爹利街

MAP P.117／B3
出地鐵站步行約5分鐘

DATA

📍香港中環都爹利街 🕐24小時 🚇從港鐵中環站G出口，左轉沿畢打街前行，於皇后大道中左轉沿路前行，至都爹利街右轉直走，全程約5分鐘即可抵達

都爹利街又有「氣燈街」(煤氣路燈)之稱，在這條街的末端，有一條由花崗石建成、連接上方雪廠街的古老石梯，石梯的角落仍保留著4盞煤氣路燈，雖然並無記載具體建造日期，但據悉石梯和路燈都有超過或接近百年的歷史，是香港的法定古蹟，因為極具懷舊氣息，所以不少電視劇和電影都會在這裡取景拍攝，而且煤氣燈在每天傍晚6點到翌日早上6點會自動亮起，是一條相當有情調的特色街道。

1 晚上的昏黃燈光很有氣氛　**2** 白天的都爹利街很有懷舊風味

香港古老的基督教教堂
聖約翰座堂

MAP P.117／C3
出地鐵站步行約10分鐘

www.stjohnscathedral.org.hk ✉香港中環花園道4-8號 ☎2523-4257 ⏰週一～六07:00～18:00(週四如有維修工程,座堂將於17:00關閉),週日及公眾假期09:00～16:00 🚇從港鐵中環站G出口,左轉沿畢打街前行,於皇后大道中左轉沿路前行,至雪廠街路口,靠右沿炮台里斜路往上走,經過終審法院靠右前行,全程約10分鐘即可抵達

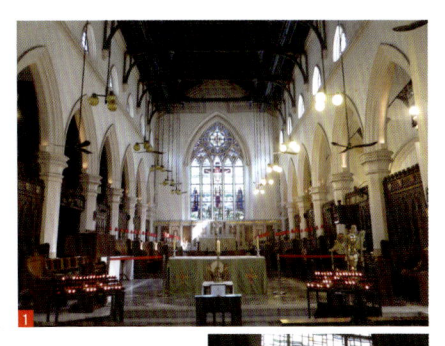

在充滿摩天大樓的中環區,仍然保留了不少古舊建築,於1847年落成的聖約翰座堂就是其中之一,已列為香港法定古蹟。這座香港古老的基督教教堂,帶有維多利亞時期的哥德式建築風格,外觀宏偉典雅,翻新後外牆塗上了柔和的黃白色,而木門是使用戰時沉沒的添馬艦艦身木材,用以當作紀念;現在除了每週的禮拜及其他教會活動,平常都會開放給大眾祈禱和參觀,走進座堂內會看到兩排的木製長椅,室外光線穿透座堂正中的聖經故事彩繪玻璃,即使沒有宗教信仰的我,也能感受到一片祥和寧靜,是不可多得的古老建築。

1 座堂內讓人感受到宏偉莊嚴的氣氛 2 座堂內富有特色的彩繪玻璃

亮眼奪目新地標
香港摩天輪

MAP P.117／D1
出地鐵站步行約10分鐘

www.hkow.hk ✉香港中環民光街33號(近中環天星碼頭,中環9、10號碼頭對面) ☎2339-0777 ⏰週一～四12:00～22:00,週五～日11:00～23:00(最後登車時間為關門前半小時) 💰HK$20,3～11歲小童、老人(65歲以上)HK$10,幼兒(3歲以下)免費,包廂(可載8人)HK$160 🚇1.從港鐵中環站A出口,右轉上行人天橋,然後往左轉沿天橋前行,往碼頭方向直走,到達碼頭後右轉前行,全程約10分鐘即可抵達 2.從港鐵香港站A2出口,經國際金融中心二期上行人天橋,左轉沿天橋往碼頭方向直走,到達碼頭後右轉前行,全程約8分鐘即可抵達

2014年底開始營運的香港摩天輪,位於中環海邊,高60公尺(約20層),設有42個車廂,包括一個配有透明玻璃車底的貴賓車廂,每個車廂可載8位乘客,搭乘一輪約轉3～4圈,需時約15～20分鐘,車廂內都配有免費Wi-Fi和恆溫系統,無論是炎夏或寒冬,乘客都可舒適地享受搭乘摩天輪的樂趣;最佳的乘坐時間建議在傍晚時分,可以欣賞維多利亞港的日落景致,別有一番風味。入夜後,整座摩天輪會亮起充滿浪漫氣氛的紫色燈光,與背後的大廈互相輝映,相當璀璨奪目,絕對是不能錯過的拍照景點!

1 車廂外型的售票處 2 每到晚上,都會有不少情侶前來留影

香港地鐵:港島線 — 香港大學站、西營盤站 上環站 **中環站** 灣仔站 銅鑼灣站 北角站

119

活起來的文化創意園
大館

MAP P.117／B3
出地鐵站步行約10分鐘

DATA

🌐 www.taikwun.hk ✉ 香港中環中環荷李活道10號 📞 3559-2600 🕐 08:00～23:00(各店與展館相異，請參照網站內的相關開放時間) ➡ 先前往港鐵中環站D2出口，右轉前行至戲院里後左轉直走，於皇后大道中右轉後沿路直走，於閣麟街登上中環至半山自動扶梯，源扶梯往上至荷李活道，全程約10分鐘即可抵達

　　走在荷里活道大街，會看到一棟外牆建有希臘式石柱和羅馬式圓拱的大樓，這棟古舊氛圍的西式建築給人一種莫名的壓迫感，這就是建於1919年的舊中區警署主樓，難怪甚具威嚴。主樓已經是舊中區警署建築群中最「年輕」的一棟，其他如前中央裁判司署和域多利監獄等，乃於18～19世紀相繼建成，是香港早期執法和司法重地，已被列為法定古蹟。圍牆內多棟大樓都有通道相連，確保罪犯沒有逃走的機會。在政府機關陸續遷出後，也舉辦過多次藝術展，經過活化工程後，命名為「大館」。

　　大館內保留了原有的16棟歷史建築，另新建了兩棟大樓，提供一系列藝術、歷史、文化和表演等展覽場地，裡面還包含商店、餐廳、酒吧等，好讓每一位到來的遊人都能將藝術和文化融入生活中，還可參加免費的導賞團深入探索大館。

1 以香港特色的馬賽克為題的紀念品 **2** 營房大樓頂層的特色餐廳 **3** 昔日是監獄的操場 **4** 旋轉樓梯 **5** 前警察總部大樓

百年懷舊歷史街道
砵甸乍街

MAP P.117/B2
出地鐵站
步行約5分鐘

DATA

🚇 香港中環砵甸乍街 ⏰ 24小時 🚶 從港鐵中環站D2出口，右轉前行至戲院里後左轉直走，於皇后大道中右轉後沿路直走，到砵甸乍街左轉沿階梯往上，全程約5分鐘即可抵達

砵甸乍街是香港一條有百年歷史的街道，是連接山上荷李活道和山下干諾道中的重要幹道，由於該路段頗為陡直，所以用石塊鋪蓋路面，一高一低的設計既方便行走，石塊之間的坑道又可以疏導雨水，達到防滑的功能。為了紀念香港第一任港督，所以取用他的名字作為街名，但當地人習慣把這裡稱作「石板街」；現在這裡已被列為一級歷史建築，四周散發著懷舊氣息，很值得來逛一逛順道拍照留念。

1 販售傳統手工銅鐵製品的「章記銅鐵」 2 有很多販售傳統商品的店家 3 這裡是電視或電影中經常出現的場景

活化歷史的創意文化園區
PMQ元創方

MAP P.117/A2
出地鐵站
步行約15分鐘

DATA

🌐 www.pmq.org.hk 📍 香港中環鴨巴甸街35號 ☎ 2870-2335 ⏰ 09:00～23:00(各店相異) 🚶 參考P.129的SoHo區，從士丹頓街右轉沿路前行，全程約15分鐘即可抵達

前身是舊已婚警察宿舍，現為三級歷史建築，經翻新改造成匯聚本地設計師的創意園地。兩座主樓分別以旁邊街道的英文名稱Hollywood和Staunton的字首命名，主樓中間新建了平台連接，將130個店面串聯在一起，商店種類多樣，包括：文化藝術、設計服務、時裝、家居用品、珠寶配飾、兒童玩具、餐飲服務及歷史展覽等，都是設計師和企業家開設的工作室，當中有較知名的本地設計師，更有些可能是設計圈的明日之星；底層是展示中央書院地基遺址的展覽館，國父孫中山也曾在此處就讀，大樓頂部設有一個巨型玻璃天幕，使得廣場採光好，也可遮風避雨，廣場定期會舉辦各式展覽、活動、夜市及音樂表演等，是中環區一個新興的好去處。

1 販售皮革製品的店面
2 現代英國菜館Aberdeen Street Social

香港地鐵：港島線

香港大學站、西營盤站 上環站 **中環站** 灣仔站 銅鑼灣站 北角站

交通方便、匯集國際名牌和星級美食
國際金融中心商場ifc mall

MAP P.117／C1
出地鐵站
步行約3分鐘

DATA

🌐 www.ifc.com.hk 📍 香港中環金融街8號 📞 2295-3308 🕐 10:00～21:00(各店相異) 🚇 **1.** 從港鐵中環站A出口，右轉登上行人天橋，然後左轉沿天橋前行，往碼頭方向直走，全程約3分鐘即可抵達 **2.** 從港鐵香港站F出口，即可抵達

ifc mall坐落在中環的核心地段，與香港的著名地標國際金融中心相連，商場總面積達2萬多坪，採用大量玻璃透光設計，內部顯得明亮典雅，寬闊的通道逛起來格外舒適。聚集了超過百個國際時尚名牌，主要走中高價路線，一線品牌比比皆是，更有多間榮獲《米其林指南》一星評級的名店，有「名人飯堂」之稱的利苑酒家，和多間坐擁維多利亞港景致的特色餐廳；此外還設有電影院和超市，很多名人紅星也經常來這裡購物，加上交通非常便捷，位處港鐵香港站上方，也連接附近的中環站，搭乘機場快線還可以預先辦領登機證及託運行李，是不少旅客離港前的最後一站。

香港創意設計的代表
住好啲G.O.D

MAP P.117／A2
出地鐵站
步行約7分鐘

DATA

🌐 www.god.com.hk 📍 香港中環荷李活道48號 📞 2805-1876 🕐 10:00～20:00 🚇 從港鐵中環站D2出口，右轉前行至戲院里後左轉直走，過斑馬線後沿德己立街前行，於威靈頓街右轉直走，至擺花街左轉前行至荷李活道，全程約7分鐘即可抵達

住好啲是香港本地的特色創意品牌，將舊有的香港文化融入現代設計之中，曾替星巴克設計懷舊主題的分店，深受外界歡迎。品牌名稱由粵語「住好啲」所組成，意思是提升居住品質，所以產品以居家用品類為主，不但有大型家具，後來更發展到推出服裝、布袋、文具以及個人用品等，產品種類包羅萬象；設計師精心為每一個作品加入獨特的香港元素，早年憑著印有與粵語髒話讀音類似的「Delay No More」T恤而為人熟悉，還因為設計過分大膽而被警方拘查，而我每次來這裡都會發現新的驚喜，愛好懷舊風的朋友一定不能錯過。

1 暖水壺造型的水杯 **2** 各式創意圖案的T恤 **3** 懷舊公雞碗與雕花木筷
4 模仿報紙廣告外型的記事本 **5** 店鋪旁邊的特色壁畫

122

第四代文青小店室內街市
中環街市

MAP P.117／B2
出地鐵站 步行約5分鐘

DATA
http www.centralmarket.hk ✉ 香港中環皇后大道中93號及德輔道中80號 ☎ 3618-8668 🕐 10:00～22:00(各店相異)，公共開放空間Oasis：08:00～22:00 ➡ 從港鐵中環站C出口，左轉沿德輔道中前行，全程約5分鐘即可抵達

早在1842年，中環街市已於現址附近開設，是當時華人的主要市場。經歷數十載轉變，1939年建成的中環街市已經是第四代建築，採用了當時流行的包浩斯(Bauhaus)建築風格，及後於2020年完成活化並重新開放，當中保留了昔日街市的原有格式，在百多個舊有的肉檔、魚檔、菜檔當中挑選了13個較為合適的攤檔作復修及保育，保留「上海批盪」飾面、肉檔掛肉的鐵桿、魚檔的儲水箱，以及蔬果檔的售貨架等，以呈現昔日的面貌。現為集逾百間零售、餐飲、酒吧的「無邊界空間」，是中環近年文青小店熱點之一。

1 中環街市外觀新穎 2 底層有多間餐廳和酒吧 3 不定期有室內市集 4 攤位仍然保留舊有攤檔格式 5 售賣充滿特色的小物品 6 昔日「中區市政分處」的標示 7 包浩斯風格標誌性的樓梯 8 經典水磨石樓梯扶手

香港地鐵：港島線

香港大學站、西營盤站 上環站 **中環站** 灣仔站 銅鑼灣站 北角站

123

特色美食	精緻美食藝術傳承
	麥奀雲吞麵世家

MAP P.117／B2
出地鐵站步行約7分鐘

DATA

香港中環威靈頓街77號地下 ☎2854-3810 ⏰11:00～21:00 💲每人均消HK$50以下 ➡從港鐵中環站D2出口,右轉前行至戲院里後左轉直走,於皇后大道中右轉沿路直走,到達閣麟街左轉前行,至威靈頓街左轉,全程約7分鐘即可抵達

　　要吃到正宗的雲吞麵,首選一定是這間由廣州有名的「雲吞麵大王」麥煥池後人所開設的麵店,在清朝他的廚藝已深得達官貴人喜愛,稱得上門庭若市,後來因戰亂逃到香港,繼續經營麵檔生意,兒子麥奀繼承了父親的手藝,延續了雲吞麵大王的傳奇。有些人說這裡的雲吞麵分量太少,需吃兩碗才飽,而且並不便宜,但我認為值得;他們嚴格遵循傳統方法,湯底以大地魚(比目魚)熬煮,雲吞是用鮮蝦做餡,放於碗裡以湯匙盛著,尾部如金魚般散開,一口吃掉一個,味鮮肉彈,最後頂層才放全鴨蛋製作的麵條,非常爽口,沒帶一點鹼水味。吃得鮮味、吃得精緻,夫復何求呢?

❶ 精緻的美味雲吞　❷ 好吃的雲吞精華藏在麵下

特色美食	米其林摘星茶餐廳
	一樂燒鵝

MAP P.117／B2
出地鐵站步行約3分鐘

DATA

香港中環士丹利街34-38號地舖 ☎2524-3882 ⏰週一～日10:00～20:30 💲每人均消HK$50～100 ➡從港鐵中環站D2出口,右轉前行至戲院里後左轉直走,過斑馬線後沿德己立街前行,於士丹利街右轉,全程約3分鐘即可抵達

　　在中環吃燒鵝,以往必定會想起某間金碧輝煌的老店(鏞記),但其實在隔壁街也有一間不錯的新星崛起。「一樂燒鵝」早前被《米其林指南》連續2年評為推薦餐廳,到2015年更榮獲一星殊榮,雖然店內空間不大,但仍然自設烤爐,每天新鮮製作,單是一碟普通的燒鵝飯已經非常美味;若想再進階一點,建議點一份神人級滋味的燒鵝「下裝例牌」,「下裝」是鵝身下半部,肉質較為肥美,大家愛吃鵝腿亦是這個原因,而「例牌」是指一份的意思,大約為四分之一隻燒鵝,配上白飯或瀨粉(較粗的米粉),這分量已經足夠2人一同分享。燒鵝放久了會變得皮不脆且帶有韌性,所以我通常會選擇用餐尖峰的尾聲前來光顧,那時候人流多、燒鵝銷售速度快,較可以吃到最新鮮味美的燒鵝。

❶ 廚房掛滿一隻隻剛出爐的燒鵝　❷ 必吃的燒鵝飯

專注在美味的堅持
九記牛腩

MAP P.117／A2
出地鐵站步行約10分鐘

DATA

香港中環歌賦街21號地下 ☎2850-5967 ⏰週一～六12:30～22:30 休週日、節日 $ 每人均消HK$50～100最低消費HK$48 ➡位於NoHo區內，P.125勝香園對面

　　每個到訪中環的旅客，口袋裡必定有一個必吃店家，十之八九都是這裡。雖說如此，但九記牛腩的評價卻是好壞參半，有人說過譽了，有人說可一不可再，大多都批評服務態度惡劣，但是門外依舊排滿了長長人龍，為了保持水準，即使客人再多，老闆仍堅持不開分店，店員的傲氣多少也源於這位有性格的老闆；但若只談食物素質，確實有其出色之處，由多種中藥及牛骨長時間熬製的湯頭，牛腩切去多餘部分，加入祕方再燉煮多個小時，才能做出驚為天人的牛腩。我個人最愛的是牛腩河粉，牛腩半肥不膩口，帶一點瘦肉亦不失口感，湯頭的鮮味完全滲透河粉，兩者稱得上完美搭配。

1 凍奶茶、清湯牛腩河粉　2 黃昏之前來用餐，人潮會少很多

港味大牌檔的真功夫
勝香園

MAP P.117／A2
出地鐵站步行約10分鐘

DATA

香港中環美輪街2號排檔 ☎2544-8468 ⏰週一～六08:00～15:30 休週日及公眾假期 $ 每人均消HK$60以下 ➡位於NoHo區內，P.125九記牛腩對面

　　綠色鐵皮小屋搭配木折圓檯，用帆布與屋簷遮雨擋風，沒有舒適的冷氣設備，只有大風扇吹著，夏天總會熱到汗流浹背，但這正是大牌檔的獨有風味；香港的大牌檔已經越來越少，當中仍能保持高人氣的，就非勝香園莫屬，幾乎任何時候都會排滿等候入座的人龍，風雨不減的人潮是高人氣的鐵證。

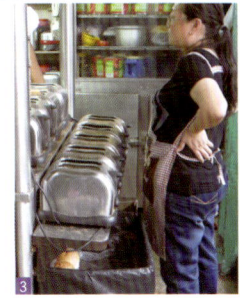

　　必吃的番茄牛肉麵，牛肉口感滑嫩，番茄湯底清爽不油膩，天然酸味非常加分，健康又開胃；另一個必點招牌是檸蜜脆脆，在烘過的豬仔包抹上牛油、檸檬汁和蜜糖醬料，味道酸甜、口感酥脆，是這裡的獨門美味。另外特別推薦「咸檸七」，醃製的鹹檸檬加七喜汽水，將鹹、酸、甜3種味道混合，出奇的合拍，感覺很清新，勝香園的檸檬飲品，檸檬都有先處理過，讓酸味更能釋放；雖然大牌檔的環境沒餐廳好，但出品卻是一板一眼的真功夫，所以我大力推薦！

1 咸檸七　2 番茄牛肉麵　3 陣容強大的烤麵包機　4 牛油檸檬汁蜜糖脆脆(豬仔包)

香港地鐵：港島線

香港大學站、西營盤站　上環站　中環站　灣仔站　銅鑼灣站　北角站

125

絲襪奶茶第一家
蘭芳園

MAP P.117/A2
出地鐵站
步行約6分鐘

DATA
香港中環結志街2號 ☎2544-3895、2854-0731 ⏰週一～六07:30～18:00 休週日 每人均消HK$60以下 ➡從港鐵中環站D2出口，右轉前行至戲院里後左轉直走，過斑馬線後沿德己立街前行，於威靈頓街右轉直走，至擺花街左轉前行，於結志街右轉，全程約6分鐘即可抵達

前身是大牌檔，從1952年開業至今，每天依然客似雲來，是海外旅客必到之處，老闆林木河先生對茶餐廳歷史影響深遠，他從遠洋船員處學習到沖製「鴛鴦」(咖啡+奶茶)的要訣後發揚光大，後來改良了沖製奶茶的技術，用特製的茶壺和以製棉襪用的毛布製作的布袋來過濾茶渣，布袋被茶染色後酷似絲襪，故有「絲襪奶茶」之稱。這裡出品的奶茶都是用上等斯里蘭卡的季後茶葉，再用布袋來回過濾8次，才會如此醇香細滑，時到今日大部分餐廳仍採用他的沖製方式；另一招牌「油雞扒撈丁」注也是每桌客人必點之選，使用「出前一丁」泡麵、美國雞排、中國鹵水醬油和薑蓉，材料多層次的搭配，吃後整體感覺清爽，再配一杯奶茶絕對令人回味。注：拌泡麵

1 凍奶茶　2 法蘭西多士(法式吐司)　3 蔥油雞翼(雞翅)撈丁

港督最愛的蛋撻名店
泰昌餅家

MAP P.117/A2
出地鐵站
步行約6分鐘

DATA
🌐www.taoheung.com.hk ✉香港中環擺花街35號地下 ☎8300-8301 ⏰09:30～19:30 每人均消HK$20以下 ➡從港鐵中環站D2出口，右轉前行至戲院里後左轉直走，過斑馬線後沿德己立街前行，於威靈頓街右轉直走，至擺花街左轉前行，全程約6分鐘即可抵達

末代港督彭定康也無法忘懷，更冠以「全香港最好吃蛋撻」的美名，每次訪港必定會再來品嘗這裡的招牌蛋撻，昔日港督在電視上吃蛋撻的畫面，是不少香港人心中的回憶，同時令這間於1954年開業的餅店更加名聲大噪。創辦人歐陽天閏首創曲奇(餅乾)皮的蛋撻製法，曲奇皮帶有滿滿的牛油香味，口感亦很酥脆，但隨著經營權轉移，大集團接手之後，即使用料和製法都一樣，卻感覺少了一些人情味。若要選出曲奇皮和酥皮哪個比較優勝？只能說各有千秋，雖然我比較偏愛酥皮蛋撻的多層次口感，但泰昌的出品仍是曲奇皮製法的一哥，絕對值得品嘗。

1 3 新鮮出爐的招牌蛋撻　2 店內設有烤箱，有別於其他分店

港式招牌熱狗王
永樂園餐廳

DATA MAP P.117／B2 出地鐵站步行約3分鐘

香港中環昭隆街19號地下 ☎2522-0965 ◎週一～六07:30～19:30 休週日、節日 $每人均消HK$50以下 ➡從港鐵中環站C出口，左轉沿德輔道中前行，至昭隆街左轉前行，全程約3分鐘即可抵達

以「熱狗王」自居，在中環已經屹立了60年以上，是典型的舊式茶餐廳，必點之選當然是他們的招牌熱狗，最高紀錄一天可以賣上2千多個。這種港式風味的熱狗分量不多，但作為早餐或是下午茶就恰到好處，不少在附近工作的上班族也被這裡的熱狗所吸引；麵包經烤爐烘過，表面微脆、內裡鬆軟，配上來自荷蘭的香腸，肉質富有彈性，還有使用牛油、蛋黃、芥末、醋和酸瓜等混合祕製的醬料，這也是熱狗好吃的精髓。此外還有多重滿足的雙腸熱狗，口感層次分明，滿足無肉不歡的人士，價格親民且搭配得宜，絕對是值得一試的平民美食。

1 要吃美味熱狗就來這裡買 2 麵包要烘烤到外脆內軟才最好吃 3 4 雙腸熱狗

清熱降火的健康涼茶
春回堂藥行

DATA MAP P.117／B2 出地鐵站步行約5分鐘

香港中環閣麟街8號地下 ☎2544-3518 ◎週一～六09:00～19:30 休週日及公眾假期 $每人均消HK$50以下 ➡從港鐵中環站D2出口，右轉前行至戲院里後左轉直走，於皇后大道中右轉後沿路直走，到達閣麟街左轉前行，全程約5分鐘即可抵達

約有百年歷史的春回堂藥行，以販售涼茶而馳名中環，不少在附近的上班族都是忠實顧客，每當午飯或傍晚的空檔，店外都會出現前來喝涼茶的人潮，可能是因為香港的上班族日夜勞累，所以特別需要清熱降火。只要放下數枚硬幣，就可取用預備好的涼茶及蔘茶，涼茶分為苦茶跟甜茶2種，每款都有中英文的注解，說明了各種功效，雖然杯裝的要一次喝完，但總比連鎖品牌所推出的瓶裝涼茶來得天然健康；除了販售涼茶，店內還提供中醫駐診及煎藥服務，猶如為普羅大眾而設的中醫館。

1 天然健康的現做涼茶 2 桌上有標明各種涼茶的功效 3 店外經常站滿喝涼茶的客人

香港地鐵：港島線 — 香港大學站、西營盤站、上環站、中環站、灣仔站、銅鑼灣站、北角站

127

特色美食

奶茶味奶昔只有香港喝得到

Shake Shack

DATA

🌐 www.shakeshack.com.hk ✉ 香港中環金融街8號國際金融中心商場4018號鋪 ☎ 2522-5611 🕐 11:00〜22:00 💲 每人均消HK$100以下 ➡ 參考P.122的ifc mall，位於4樓

MAP P.117／C1
出地鐵站
步行約3分鐘

被譽為美國最好吃的漢堡店，總店位於紐約麥迪遜廣場公園，以新鮮和高質素的快餐而聞名。招牌芝士漢堡Shack Burger，選用安格斯牛肉製作漢堡扒，配上特製招牌醬汁，簡單而美味。芝士薯條則是將濃厚的芝士醬蓋在現炸的薯條上，相當邪惡；飲品有紅酒、白酒、啤酒和汽水等可選擇，還有香港獨有的奶茶味奶昔，口味偏甜一點。

店內環境舒適，更設有戶外座位，可以在陽光下一邊品嘗美食，一邊欣賞維港景色，確實十分不錯。

特色美食

玩味十足的性格餐廳

珍姐海鮮火鍋飯店

DATA

✉ 香港中環和安里9號地鋪 ☎ 2388-6982 🕐 週一〜五11:00〜15:00、18:00〜22:00，週六及公眾假期18:00〜22:00 ❌ 週日 💲 每人均消HK$100以下 ➡ 從港鐵中環站D2出口，右轉前行至戲院里後左轉直走，過斑馬線後沿德己立街直走，於和安里右轉全程約4分鐘便可抵達

MAP P.117／B3
出地鐵站
步行約4分鐘

看店鋪的招牌感覺似是一間舊式飯店，其實這裡是家玩味十足的港味餐廳。午市主打碟頭飯，我的最愛頭抽蔥油豬扒煎蛋飯，香矛豬扒煎至金黃微焦，搭配鹹甜濃郁的頭抽(特級醬油)，再配上煎到流心的煎蛋，完美融合在熱騰騰的白飯中，滿足感爆棚。到了晚市，這裡就是一家火鍋飯店，主打招牌的手切「老蘭嫩牛」，店內還會播放著粵語流行曲，十分有氣氛。

1 頭抽蔥油豬扒煎蛋飯
2 店面很有復古的味道
3 店內環境

128

漫步在異國休閒的氛圍
SoHo區

MAP P.117／A3
出地鐵站步行約10分鐘

DATA
📧 香港中環士丹頓街 🕐 11:00～凌晨03:00（各店相異）
➡️ 從港鐵中環站D2出口，右轉前行至戲院里後左轉直走，於皇后大道中右轉後沿路直走，於閣麟街搭乘中環至半山的手扶梯，往上至士丹頓街，全程約10分鐘即可抵達

　　位於中環荷李活道南端一帶，SoHo是英文「South of Hollywood Road」的簡稱，中譯為荷南或蘇豪。這一帶沒有具體的分界，附近街道比較狹窄，以往都是一些傳統行業，例如雜貨店、香燭店及長生（棺材）店等；隨著中環至半山的手扶梯啟用後，間接帶動區內人流，周邊開了很多裝修典雅的各國餐廳及酒吧，吸引很多中環的上班族、外籍和中產人士流連。如果蘭桂坊是「激情」，那SoHo區則可用「悠閒」來形容，漫步在充滿歐陸風情的小區，品嘗美味的各國料理，是感受異國風情的不錯體驗。

1 街道兩旁開滿了富異國情調的餐廳和酒吧　2 本區有很多外國人出沒，增添了不一樣的氣氛

香港夜生活的代名詞
蘭桂坊

MAP P.117／B3
出地鐵站步行約3分鐘

DATA
🌐 www.lankwaifong.com 📧 香港中環蘭桂坊 🕐 11:00～凌晨05:00（各店相異） ➡️ 從港鐵中環站D2出口，右轉前行至戲院里後左轉直走，過斑馬線後沿德己立街直走，全程約3分鐘即可抵達

　　香港最聞名中外的酒吧區，100多間各式餐廳及酒吧林立，到處都充滿了熱情和異國情調，如遇到特別的節慶，氣氛更為喧鬧。街頭巷尾都可看到老外端著酒杯當街聊天，酒吧內強勁的音樂令不少人在街上起舞，顧客群以外國人居多，其次是一些中產、白領人士和海外華人，所以這裡一般以英語為主要溝通語言，其次是普通話。每間酒吧都有不同特色，微醺聊天、暢飲狂歡，還有一些要穿著端莊才能進場，迎合各種不同喜好；傍晚5～8點設有「Happy Hour」時段，場內特定飲品都有折扣，入夜後更是越發熱鬧，初次來的話，建議先到便利店買瓶啤酒，在蘭桂坊周圍繞一圈感受一下，找到對味的酒吧再進去享樂狂歡。

香港地鐵：港島線

香港大學站、西營盤站　上環站　中環站　灣仔站　銅鑼灣站　北角站

順遊景點

太平山賞夜景

香港素有「東方之珠」的美譽，密集的大廈燈光，映照著壯麗璀璨的維多利亞港，所以能長期高居世界夜景的前三名，名氣冠絕全球，而在太平山山頂上，居高臨下俯瞰維港兩岸景致，更是每位訪港旅客絕對不能錯過的行程之一。

太平山周邊街道圖

世界三大夜景之一
太平山山頂夜景

MAP P.130／上
出地鐵站轉乘纜車約10分鐘

DATA

www.thepeak.com.hk ⊕ 香港太平山山頂 ⓒ 24小時 ➤ 1.從花園道山頂纜車(P.132)站搭乘纜車至山頂，車程約10分鐘即可抵達 2.從港鐵香港站F出口，於公共運輸交匯處搭乘1號綠色小巴，至山頂總站下車，全程約25分鐘可抵達 3.從港鐵香港站D出口，於中環交易廣場巴士總站搭乘15號巴士，至山頂總站下車，全程約35分鐘可抵達

維多利亞港就是太平山山頂這百萬夜景的一大賣點，除此之外，旅客可以搭乘富有特色的登山纜車上山，參觀杜莎夫人蠟像館裡逼真的蠟像，在坐擁無敵景觀的餐廳用餐，於山頂廣場購買紀念品，行程相當多姿多采。

古今中外名人大集合
杜莎夫人蠟像館

MAP P.130／上
出纜車站步行約3分鐘

DATA
http www.madametussauds.com/hongkong ✉ 香港山頂道128號凌霄閣P101號舖 ☎ 2849-6966 🕙 10:30～21:30(最後入場20:30) 💰 大人HK$300，小孩、老人(3～11歲、65歲以上)HK$255 ➡ 參考P.130的太平山山頂夜景，到達山頂後步行約3分鐘即可抵達 ℹ️ 建議提前在網路上購買門票，價格會划算一點

來到太平山山頂，除了觀賞壯麗的夜景外，還可以和古今中外的名人合照。在杜莎夫人蠟像館裡，擺放超過百個仿真度超高的蠟像，無論臉部輪廓、瞳孔顏色和毛髮都和真人一模一樣，10個不同主題的展區，展示了世界各地的影壇、樂壇、體壇、功夫界、文化界等的名人，還有皇室人員、世界領袖和電影角色等星光閃閃；場內還有不少為人熟悉的已故巨星，例如李小龍、張國榮和梅艷芳等，是影迷們懷念偶像的地方。最有趣的是，部分蠟像附有特別效果，例如劉德華的蠟像就有模擬心跳，猶如真人一般。

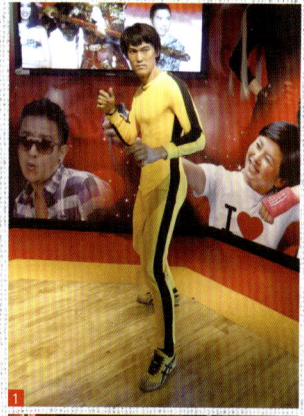

1 國際武打巨星李小龍 2 香港首富李嘉誠先生 3 門外有蠟像館展區的介紹 4 杜莎夫人蠟像館售票處

香港地鐵：港島線

香港大學站、西營盤站、上環站、**中環站**、灣仔站、銅鑼灣站、北角站

131

欣賞美景的最佳交通工具
山頂纜車

MAP P.117／D3, P.130／上

出地鐵站步行約10分鐘

DATA

www.thepeak.com.hk　香港中環花園道33號　2522-0922　07:30～23:00　請瀏覽www.the-peak.com.hk查詢普通日子及熱門日子的詳細日曆。普通日子：單程票大人HK$62、小孩、老人(3～11歲、65歲以上)HK$31、來回票大人HK$88、小孩、老人(3～11歲、65歲以上)HK$44；熱門日子：單程票大人HK$76、小孩、老人(3～11歲、65歲以上)HK$54、來回票大人HK$108、小孩、老人(3～11歲、65歲以上)HK$54　**1.** 從港鐵中環站K出口，直走穿過匯豐總行大廈，靠左過斑馬線後，沿手扶梯上行直走，至花園道右轉前行，全程約步行10分鐘即可抵達花園道山頂纜車站(山下)　**2.** 從港鐵香港站B2出口，沿天橋前往天星碼頭，於碼頭外搭乘15C巴士前往花園道山頂纜車站(山下)，車程約10分鐘　纜車路徑坡度為4～27度，站立時請特別注意安全

1888年開始營運的山頂纜車，全長1,365公尺，乘客可以在短短7分鐘的車程裡，從不同角度欣賞香港獨特的城市景觀，隨著纜車徐徐向山上駛去，從車廂右

山頂纜車搭乘攻略

1. 售票處提供不同組合的景點套票，包括杜莎夫人蠟像館和凌霄閣摩天台428門票，旅客可以一併購買。

2. 在花園道纜車站會有2條隊伍，一條是往售票處，另一條則是通往乘車區，假如不需要實體票留作紀念，建議直接使用八達通卡搭乘，就不用排兩次隊，但請留意八達通卡的餘額是否足夠(纜車站附近沒有便利店，建議在港鐵站內預先確認餘額並加值)。

3. 隨著入夜後觀賞夜景的高峰時間過去，會有大批人潮下山，那時纜車的等候時間會相當長，建議可改搭小巴或是巴士返回中環，既方便又快捷。

使用八達通卡搭乘，可節省很多時間

邊遠眺維多利亞港的景色，而左邊則是翠綠的山景，若要沿途不受阻擋地欣賞美景，記得一定要站車廂右邊的位置！

1 山頂纜車站 **2** 搭乘纜車上山，是很多人會選擇的交通方式 **3** 超過百年歷史的山頂纜車很有代表性 **4** 沿途可以觀賞獨特景致

山頂凌霄閣

璀璨美景盡收眼底

遊賞去處

MAP P.130／上
出纜車站步行約3分鐘

DATA
www.thepeak.com.hk ✉香港山頂道128號凌霄閣 ☎2849-0668 ⏰週一～五10:00～23:00，週六、日及節日08:00～23:00(各店相異) 💰凌霄閣摩天台428：大人HK$76，小孩、老人(3～11歲、65歲以上)HK$38 ➡參考P.130的太平山山頂夜景，到達山頂後步行約3分鐘即可抵達

建於1971年的凌霄閣，位於海拔396公尺的太平山脊，是香港的重要地標，在1993年拆掉重建，邀請英國著名設計師Terry Farrell重新打造時尚外型，即使在九龍半島也可清晰地看到富現代感的突出外貌。凌霄閣設有數間坐擁無敵景色的餐廳，分別提供日式、西式及中式美食，或是可以到全港最好景觀的咖啡室欣賞美景；在最頂層設有收費觀景台「凌霄閣摩天台428」，位處凌霄閣的最高點海拔428公尺，將整個香港的景色盡收眼底，令人歎為觀止。另外，山頂郵政局提供十分特別的寄件印章，推薦來這裡留個紀念喔！

1 屹立在太平山之上的山頂凌霄閣 **2** 擁有無敵景觀的山頂餐廳

香港地鐵：港島線

香港大學站、西營盤站 ▶ 上環站 ▶ **中環站** ▶ 灣仔站 ▶ 銅鑼灣站 ▶ 北角站

133

港島線
Island Line

新舊並立的繁盛商業區

灣仔站
Wan Chai

←堅尼地城站　上環站　中環站　金鐘站　**灣仔站**　銅鑼灣站　天后站　炮台山站　柴灣站→

機場快綫　東涌綫　荃灣綫　荃灣綫　南港島綫
(通過地下步道往香港站轉乘)

134

灣仔站周邊街道圖

香港地鐵：港島線

香港大學站・西營盤站・上環站・中環站・**灣仔站**・銅鑼灣站・北角站

灣

仔有「小港灣」的意思，在香港開埠初期是一個人煙稀少的小漁村，自英國占領香港後，就變成了英國殖民政府的軍事基地，後期亦曾是盛極一時的紅燈區，隨著城市的急速發展而逐漸沒落。由於土地供不應求，多年來政府運用填海方式增加土地面積，海岸線從軒尼詩道的位置，推前至香港會議展覽中心；雖然現在的灣仔是行政及經濟中心，但仍保留了一些舊有的元素，呈現出新舊雜陳的城市景觀，既有百年歷史的古舊建築，也有世界級的摩天大樓，街道縱橫交錯，終日車水馬龍、行人如織，偶爾有電車緩緩地駛過，展現出一種獨特的老香港味道。

135

香港達人 HongKong 3大推薦地

遊客必訪
再興燒臘飯店
沿用祖先留下來的傳統方法製作，有著讓人一吃就會深深愛上的魔力。(見P.140)

作者最愛
Bakehouse
口感豐富的酸種蛋撻，漸漸成為新一代的香港伴手禮。(見P.141)

在地人首推
PASSIONE
各種五彩繽紛的法式甜點，是在附近上班的OL們愛吃的下午茶！(見P.140)

購物血拼　傳統市集的豐富面貌
太原街市集

MAP P.135／B3
出地鐵站步行約1分鐘

DATA

香港灣仔太原街　08:00～20:00(各店相異)　從港鐵灣仔站A3出口，穿過馬路後往右前方的太原街，全程約1分鐘即可抵達

太原街市集的名氣，不及旺角女人街及油麻地廟街，但仍是灣仔一條很有特色的街道。保留香港傳統市集的風貌，街道兩旁都是販售生活雜貨的商店及小攤檔，經過十字路口就是街市，是區內街坊鄰居主要的購物地點；太原街也有玩具街之稱，幾間歷史悠久的玩具店，販售著不同年代的玩具，是男女老少尋找童年回憶的寶地。

1 市集兩邊的各式攤檔，相當豐富熱鬧
2 有幾家玩具店隱藏於街道兩旁

藍屋細數香港變遷
香港故事館

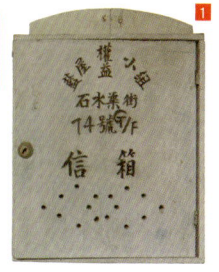

DATA

houseofstories.sjs.org.hk 香港灣仔石水渠街74號地舖 2833-4608
10:00〜18:00 週三、節日 免費 從港鐵灣仔站A3出口，穿過馬路後往右前方的太原街直走到底，穿過馬路後於皇后大道東左轉前行，石水渠街右轉前行，全程約7分鐘即可抵達

MAP P.135／C3
出地鐵站步行約7分鐘

於1922年建成的藍屋建築群，是由3幢木樓與1幢石屎樓[注]組合而成的4層高唐樓，室內結構大部分都是以木材為主，無論是窗戶或是樓梯，還保留了西式露台圍欄設計，是灣仔一組相當歷史悠久的唐樓，已被列為香港一級歷史建築。在90年代初修葺時，因政府物料庫只剩藍色油漆，所以整幢都漆上藍色，故有「藍屋」的外號，這種鋪天蓋地的藍，在香港這個石屎森林[注]內分外搶眼；藍屋經歷過多番變遷，曾經是學校、商會、廟宇及武館等，現在上層仍有居民居住，而下層被改裝為「香港故事館」，由灣仔區的街坊鄰里駐場，教授傳統技藝並和大眾分享他們的香港故事，是了解當地人文的好去處。

注：石屎即水泥，意思是指城市被大廈堆砌成一個森林。

1 舊式的木製信箱 2 香港故事館 3 舊式收音機 4 紀念品和明信片 5 復古設計的主題刊物 6 滿布舊物的展館

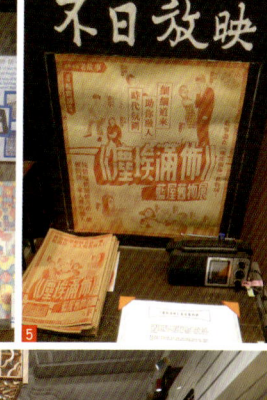

香港地鐵：港島線
香港大學站　西營盤站　上環站　中環站　**灣仔站**　銅鑼灣站　北角站

137

購物血拼

個性風格的驚喜挖寶小店

星街小區

MAP P.135／A3
出地鐵站
步行約10分鐘

DATA

🌐 www.starstreet.com.hk　📍香港灣仔星街　🕐 11:00～20:00(各店相異)　🚇 從港鐵灣仔站B1出口，左轉沿軒尼詩道直走，於晏頓街向左轉，往右前方的永豐街前進到底，全程約10分鐘即可抵達

在香港各處都存在著不同風味的特色小區，就好像中上環的PoHo和SoHo區，每個都展現出與眾不同的生命力，而星街小區正好就是另外一個例子。星街位處灣仔與金鐘站之間，香港最早期的發電站就設於這個位置，周邊的街道都圍繞著日、月、星來命名，雖然處於鬧市之中，卻帶有一種獨特的清幽感覺，近年這一帶開始聚集了多間充滿個性的小店，販售著衣飾、精品、藝術品、古董、家具、葡萄酒和書籍等等，當中也有不少令人驚喜的設計，是個挖寶的好地方；即使逛累了也可以到附近的餐廳、酒吧或是咖啡館，享受一下來自異國的美食，慢慢地融入這寫意悠閒的氛圍之中。

1️⃣2️⃣3️⃣ 各種時裝店、餐廳、酒吧、精品店都可以在這裡找到

特色美食

失而復得的「星級」滋味

聰。C Dessert

MAP P.135／A2
出地鐵站
步行約4分鐘

DATA

📍香港灣仔莊士敦道35-45號利文樓地下1D號舖　📞2493-3349　🕐週一～四、日13:00～23:00，週五、六13:00～凌晨00:00　💰每人均消HK$50以下　🚇從港鐵灣仔站A3出口，右轉沿莊士敦道前行，全程約4分鐘即可抵達

老闆與聰嫂夫婦多年前在香港電台內經營飯堂，廚藝了得，與娛樂圈中人相當熟識，還幫劉德華最愛的招牌菜改名為「劉華雞翼」，後來聰嫂與藝人合開第一間甜品店「聰嫂星級甜品」，紅極一時，大受明星和食客歡迎，設有多間分店，後來更有財團出資1億港幣收購經營權，專注打進中國內地市場，但遺憾於2020年突然全線結業，從市場上消失。這次聰嫂決心捲土重來，我又可以再一次品嘗美味的「龍眼椰果冰」、「榴槤水晶珠」等必點的招牌甜品，店內仍然保留港星劉德華親筆題字的「聰嫂甜品」。能夠失而復得該店的甜美滋味，大家又豈能放過這滄海遺珠呢？

1️⃣ 店內光潔明亮　2️⃣ 龍眼椰果冰　3️⃣ 榴槤水晶珠

特色美食

排隊也要吃的米星林一星美食
甘牌燒鵝

MAP P.135／C2
出地鐵站
步行約3分鐘

DATA

http www.krg.com.hk ✉香港灣仔軒尼詩道226號地下 ☎2520-1110 ⓒ11:30～21:30 $每人均消約HK$100 ➡從港鐵灣仔站A4出口，右轉沿軒尼詩道前行，全程約3分鐘即可抵達

這裡是創立中環鏞記酒家的第三代甘氏後人所創辦，店名也是向發揚遠近馳名燒鵝的甘穗煇先生和甘健成先生所致敬。作為第三代傳人，他們並沒有辜負前人的期望，承傳甘氏家傳祕方和廚藝，在開業短短數年間已連續多年獲得米其林指南的一星評級。雖然人氣極盛，但仍然保持30個座位的小店規模，故常出現輪候的人龍。隔著玻璃看著令人垂涎三尺的燒鵝，無不乖乖排隊，而且燒鵝經常出現售罄情況，建議早點過來排隊免得白跑一趟。

1 店外總是擠滿人 **2** 肥美的燒鵝「下裝」，大推！

特色美食

必點招牌精華炒蛋
華星冰室

MAP P.135／D2
出地鐵站
步行約6分鐘

DATA

✉香港灣仔克街6號廣生行大廈地下B1號舖 ☎2666-7766 ⓒ07:00～21:00 $每人均消HK$50以下 ➡從港鐵灣仔站A4出口，右轉沿軒尼詩道前行，於克街右轉，全程約6分鐘即可抵達

看似是一間普通冰室，但店內每個角落都貼滿了很多港星的宣傳海報，可想背後必定大有故事；經細問之下，原來這裡的其中一位老闆，曾經是華星唱片的高層，娛樂圈中不少港星都曾在他的門下，包括陳奕迅及楊千嬅等，演藝圈中人脈甚廣，很多明星都是這裡的常客。這裡的招牌炒蛋和奶茶是必點之選，點一份常餐可以滿足2種需求，注意在下單時，指明是要「炒蛋」而不是煎蛋啊！奶茶離不開香滑二字，但炒蛋只不過是最普通的食材，所以特別從選材著手，用上蛋味較為香濃的土雞蛋，再和普通的大雞蛋混合快炒，加上師傅熟練的技巧，做出令人讚歎的美味；如果想再豐富一些，亦可試試黑松露吐司，黑松露的香味相當突出，雖然價錢略高，但仍然是長期熱賣之作。

1 校長多士(黑松露吐司) **2** 常餐的炒蛋配吐司 **3** 井然有序的店內環境

香港地鐵：港島線｜香港大學站　西營盤站　上環站　中環站　灣仔站　銅鑼灣站　北角站

139

特色美食

半肥瘦的真材實料最好吃
再興燒臘飯店

MAP P.135／C2
出地鐵站步行約5分鐘

DATA

✉ 香港灣仔軒尼詩道265-267號地下C座 ☎ 2519-6639 ⊙ 週一～六10:30～21:00；傳統中國節日，如中秋、端午、冬至等週一～六10:00～18:00 ❌ 週日、節日 💰 每人均消HK$50以下 ➡ 從港鐵灣仔站A2出口，左轉沿軒尼詩道前行，於史釗域道左轉，全程約5分鐘即可抵達

這裡的燒臘一向遠近馳名，祖先自清朝光緒末年已經開始經營廣東燒臘，稱得上是百年基業，不少食評家和媒體都點名推薦，更被美國CNN譽為是「叉燒的同義詞」、「40款生命中不能或缺的香港食品」，所以從早到晚客人都絡繹不絕。燒臘飯講求的是燒臘、醬汁和白飯之間的簡單配合，完全沒有修飾掩藏的空間，是不是真材實料一吃就知道；這裡是我眾多選擇之中較為滿意的一家，個人最愛叉燒和油雞雙拼，叉燒一定要指明是半肥瘦，咬下去才會有軟硬交錯的口感，油雞嫩滑無比，配上鹹蔥非常下飯。雖然這裡有供應奶茶咖啡等飲品，但我覺得吃燒臘飯一定要配老火湯[注]或是汽水，才稱得上正宗香港風味。

注：老火湯是指經長時間熬製的煲湯、燉湯

1 知名必吃的美味叉燒　**2** 非用餐時間，店內依然坐滿顧客

特色美食

法式輕食甜品、低調的祕密天堂
PASSIONE

MAP P.135／B3
出地鐵站步行約2分鐘

DATA

🌐 passionehkcafe.com ✉ 香港灣仔皇后大道東200號利東街G11-G12及1樓F12A舖 ☎ 2833-6776 ⊙ 08:00～21:00 💰 每人均消HK$100以下 ➡ 從港鐵灣仔站A3出口，前行過斑馬線後，右轉沿莊士敦道前行，於利東街左轉前行，全程約2分鐘即可抵達

充滿情調的利東街上有間感覺悠閒的法式麵包糕餅店，很多在附近工作的上班族，都被他們的甜點吸引過來。開放式廚房不時飄來剛出爐麵包的陣陣香氣；在一排長形的玻璃櫃裡面，擺滿令人眼花撩亂的各式糕餅甜品，除了誘人的馬卡龍，還有三明治、沙拉、麵包等輕食，分量雖不多，但賣相都非常精緻。先點一份自選口味的小沙拉，再來一個法式千層酥和櫻桃球白巧克力慕斯，最後以一杯熱巧克力作結尾，為這場法式下午茶畫下完美的句點。

1 熱巧克力　**2** 充滿歐洲風的店面　**3** 選擇極多的各式甜點、麵包和沙拉

人氣好評烘焙店
Bakehouse

MAP P.135／B3
出地鐵站 步行約3分鐘

DATA 特色美食

🌐 www.bakehouse.hk　✉ 香港灣仔大王東街14號　⏰ 咖啡店08:00～18:00（最後點餐17:30）；麵包店08:00～21:00　💲 每人均消HK$50以下　➡ 從港鐵灣仔站A3出口，前行過斑馬線後，右轉沿莊士敦道前行，於大王東街左轉，全程約3分鐘即可抵達

來自瑞士的主廚Grégoire Michaud，在15歲的時候已經跟家人學習製作麵包的方法，後來到香港於四季酒店工作8年。已擔任行政總廚要職的他不甘沉悶，決心打造自己的品牌，於是在灣仔開設第一間餅店。招牌為各式牛角包、酸種麵包與蛋撻等，當中以酸種蛋撻最為馳名。身為烘焙大師的他，以自己的配方將他愛吃的香港蛋撻加以改良，製作出不一樣的風味，很多旅客也會選擇買來當伴手禮，重新加熱後的蛋撻品嚐起來也不失美味。

1 招牌酸種蛋撻　2 店內排滿人龍　3 製作工場排滿蛋撻　4 選擇多樣的麵包

咖啡蛋撻必吃名家
檀島咖啡餅店

MAP P.135／C2
出地鐵站 步行約1分鐘

DATA 特色美食

✉ 香港灣仔軒尼詩道176-178號地下　📞 2575-1823　⏰ 06:30～21:00　💲 每人均消HK$50以下　➡ 從港鐵灣仔站A4出口，右轉沿軒尼詩道前行，全程約1分鐘即可抵達

假如來香港旅遊沒有吃過蛋撻，那我要告訴你一件事：「你白來一趟了！」於1940年代開業，到1990年才將總店搬到現址的檀島咖啡餅店，單看門前掛上的一副對聯「檀香未及咖啡香，島國今成蛋撻國」顯然蛋撻和咖啡是必點之選。要做出蛋味香濃、口感嫩滑、外層皮薄鬆化的蛋撻，製作過程絕不馬虎，師傅將2種不同製法的麵團對疊後壓平，重複這個動作達40多次，才能做出人人搶購、日賣5,000個的酥皮蛋撻；張學友和湯唯在電影《月滿軒尼詩》裡，更經常來這吃蛋撻喝咖啡，可想而知有多麼經典了。

1 馳名的檀島咖啡　2 由於銷量極高，所以經常有蛋撻新鮮出爐　3 酥皮蛋撻

香港地鐵：港島線 — 香港大學站　西營盤站　上環站　中環站　**灣仔站**　銅鑼灣站　北角站

141

特色美食

老當舖變身、意式風味佳餚

和昌大押(Sophia Loren House)

MAP P.135／B3
出地鐵站步行約3分鐘

DATA

http heritage1888.com ✉香港灣仔莊士敦道60A-66號 ☎3594-6192、3594-6199、3594-6302 ⏰Sophia Loren Pizzeria 11:30～23:00；Casa Sophia週一～六12:00～15:00、18:00～22:00；Stage Bar週二～日15:00～凌晨01:00 💰每人均消HK$250以上 ➡從港鐵灣仔站A3出口，右轉沿莊士敦道前行，全程約3分鐘即可抵達

　　坐落於灣仔電車路旁的和昌大押，建於100多年前，曾經是香港最古老的當舖之一，現已被列為二級歷史建築物，經政府回收後與私人財團共同開發，打造成餐廳與酒吧於一身的新地標。原建築物由4幢4層高的相連樓宇組成，設有廣州式的相連露台，這種中西合併的建築風格，在建造的當時非常流行。現在這棟大樓已由義大利傳奇奧斯卡影后蘇菲亞‧羅蘭(Sophia Loren)創立的同名品牌進駐，整幢Sophia Loren House在不同樓層形造出風格各異的食肆，引入正宗的義大利星級菜肴，客人可坐在露台一邊細嘗美食，一邊欣賞路上穿梭往來的電車，的確是很不一樣的享受。

1 相當有氣氛的店面 2 百年古老建築物充滿懷舊氛圍

香港人的養生法寶
三不賣

特色美食 DATA

MAP P.135/C2
出地鐵站
步行約5分鐘

📧 香港灣仔莊士敦道226號富嘉大廈地下 🕐 週一～六11:00～21:00 休 週日 💲 每人均消HK$30以下 ➡ 從港鐵灣仔站A3出口，左轉沿莊士敦道前行，經過巴路士街路口，全程約5分鐘即可抵達

每次坐電車經過灣仔，視線都會被一個寫著「三不賣」的奇特招牌所吸引，心裡就在想，到底是賣什麼的呢？某天謎團終於解開，一位住在灣仔多年的朋友，向我大力推薦這間老字號的涼茶店。從1948年開業至今，以販售野葛菜水而馳名，用「不夠材料不賣、不夠火候不賣、地方不夠乾淨不賣」為宗旨，將野葛菜、蜜棗、羅漢果、果皮、龍利葉等多種材料，煲上10多個小時，涼茶的味道鹹中略帶清甜，有清熱潤肺、治感冒咳嗽和緩解睡眠不足的疲累等功效，店家還提供海鹽給客人調味，不少香港的上班族經過也會喝一碗，我當然也不例外。

1 清潤的野葛菜水 **2** 牆上標明了涼茶的功效 **3** 客人都會站著喝 **4** 堅持品質的三不賣，很多上班族們必定要來一杯

自創獨門祕方燒雞排
榮式燒雞扒

特色美食 DATA

MAP P.135/A2
出地鐵站
步行約8分鐘

📧 香港灣仔蘭杜街2號麗都大廈7號地鋪 📞 2823-8387、2823-8388 🕐 週一～六11:00～21:30 休 週日 💲 每人均消HK$50以下 ➡ 從港鐵灣仔站A3出口，前行越過斑馬線後，右轉沿莊士敦道前行，於蘭杜街左轉，全程約8分鐘即可抵達

料理有港式、泰式、日式等，而燒雞排亦可以燒得自成一派的，就只有榮式燒雞扒了；名稱由來是老闆榮哥獨創的燒雞排方式，令他接連開了好幾家分店，近年更衝出香港，開到澳門和新加坡。能夠使一塊普通的冷藏雞排，燒得皮脆肉香，口感嫩滑而不乾澀，所下的功夫也不簡單；由雞排烤出的紋路可見，他們用大烤爐烤製雞排，外層抹上醃料和蜜糖，再灑上黑胡椒，令味道帶甜和略有微辣，相當可口，和章魚蓮藕餅組成的「雞藕天成」是我的必點之選，蓮藕餅煎得外脆內軟，章魚粒彈牙有嚼勁，美中不足的是，晚上只可單點、沒有套餐供應，不妨中午去品嘗囉！

1 凍檸茶 **2** 雞藕天成

香港地鐵：港島線
香港大學站　西營盤站　上環站　中環站　**灣仔站**　銅鑼灣站　北角站

143

港島線
Island Line

最強Shopping購物圈

銅鑼灣站
Causeway Bay

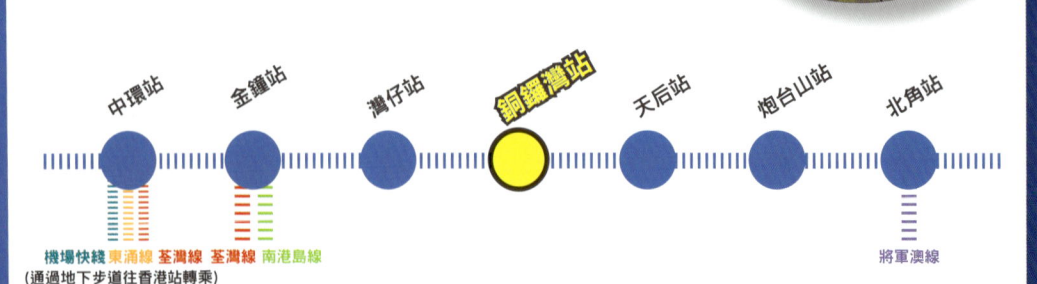

中環站　金鐘站　灣仔站　銅鑼灣站　天后站　炮台山站　北角站

機場快綫　東涌線　荃灣線　荃灣線　南港島線　　　　　　　　　將軍澳線
(通過地下步道往香港站轉乘)

←堅尼地城站　　　　　　　　　　　　　　　　　　　　　　　柴灣站→

銅鑼灣站周邊街道圖

香港地鐵：港島線

香港大學站→西營盤站→上環站→中環站→灣仔站→**銅鑼灣站**→北角站

銅鑼灣不是只有扛霸子才會爭奪的地盤，更是各大財團商場也會爭奪的黃金地段，這裡以人流極多見稱，雖然店面租金冠絕全球，依然吸引各大知名品牌進駐，在此區開設旗艦店，搶占這塊龐大市場。銅鑼灣街上不乏穿著時尚的型男美女，好像走進米蘭的時裝天橋，大小商場以軒尼詩道為中心擴散，針對不同喜好的顧客開設各種商店，令這裡更是百花齊放；除了購物，鵝頸橋打小人和跑馬地賽馬也是必看景點，此外還有靜態的景點，例如維多利亞公園、中央圖書館都是不錯的選擇，這裡很多餐廳都營業到深夜，吃的選擇也相當多。銅鑼灣五光十色的霓虹招牌，匆匆來往的路人，車水馬龍的街道，正是香港的現實寫照。

145

香港達人 HongKong 3大推薦地

遊客必訪
鵝頸橋打小人
香港流傳已久的民間習俗，即使不用找阿婆幫忙打一下，但仍然值得一看。(見P.148)

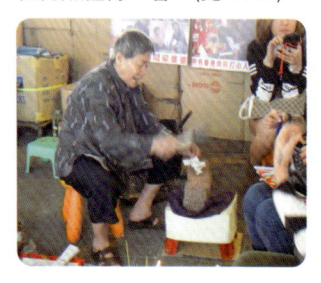

作者最愛
橋底辣蟹
肉質肥美的越南蟹，用港式避風塘炒法，帶辣又不失鮮味，愛吃辣的朋友必定大呼過癮！(見P.153)

在地人首推
強記美食
長年得到米其林指南推薦的街頭小吃，必然好吃！(見P.153)

逛賞去處　購物美食複合特色區

名店坊

MAP P.145／C1
出地鐵站步行約半分鐘

DATA
🌐 www.fashionwalk.com.hk　📍香港銅鑼灣百德新街、記利佐治街、加寧街、京士頓街、告士打道　📞2890-3016　🕐11:00～23:00(各店相異)　➡從港鐵銅鑼灣站E出口，右轉步行半分鐘即可抵達

　　名店坊是銅鑼灣最大型的購物街區，以百德新街為主，延伸至周邊的京士頓街、記利佐治街和加寧街。這裡獨樹一格，結合室內商場與戶外購物街，在街道旁的植栽點綴下，感覺更自然放鬆；匯聚國際時尚品牌的專賣店，當季最新、最貼近潮流的必買商品，都可以在這裡找到。隱藏在名店坊中的厚誠街，以美食街為主題，開設了多間西式餐廳，當中不少還有露天雅座，充滿歐洲風情，分外的寫意，我多次在這附近碰見過名人明星，大家不妨去試試運氣，說不定能遇上1、2個喔！

1 櫥窗內展示當下最流行的服飾　**2 3** 周邊購物街開滿了不少潮店

熱血沸騰的賽馬活動
跑馬地馬場

MAP P.145／A3
出地鐵站
步行約20分鐘

DATA

🌐 www.hkjc.com 📧 香港銅鑼灣跑馬地馬場公眾席廣場 🕐 賽馬日17:15〜23:00 💰 公眾席入場費HK$10 ➡ 1.從港鐵銅鑼灣站A出口直走，至堅拿道東左轉再直走，接黃泥涌道前行，全程約20分鐘可抵達 2.從香港島東面搭乘前往跑馬地的電車，於跑馬地總站下車，步行約2分鐘即可到達 ℹ 每年7〜9月是馬匹休息期，沒有任何賽事。建議先上網查詢賽程表，從官網→賽馬資料（本地）→賽期表，可查詢場次時間；未滿18歲不能投注、不可進入投注區

　　香港有2個馬場舉辦主要賽事，一個是沙田馬場，另一個是跑馬地（又名快活谷）馬場，前者主要舉辦日間賽事，觀眾大多數為普通市民，賭博味相對較為濃厚。而以晚間賽事為主的跑馬地馬場，每逢週三賽馬日晚上都會有一個名為「Happy Wednesday」的活動，場內的啤酒園會有現場樂隊表演、遊戲活動攤位和小吃店等，能夠一邊暢飲啤酒、一邊近距離觀看比賽，強勁音樂配上激烈的賽事，令整個人都熱血沸騰！

1⃣ 宣傳人員穿上以啤酒節派對為主題的服飾 2⃣ 大家都在等待捕捉賽馬起跑的一瞬間 3⃣4⃣ 場內很多人都拿著啤酒，充滿派對氣氛

香港地鐵：港島線

香港大學站　西營盤站　上環站　中環站　灣仔站　**銅鑼灣站**　北角站

147

打小人、打打打、去霉運
鵝頸橋打小人

MAP P.145／A2
出地鐵站
步行約5分鐘

DATA

香港銅鑼灣堅拿道西與軒尼詩道交界(鵝頸橋底) 09:00～19:00(各家相異) HK$50 從港鐵銅鑼灣站A出口，沿羅素街前行，於堅拿道東右轉前行，全程約5分鐘即可抵達

「打小人」是唐代開始流傳的民間習俗，人們相信能藉助這種儀式來驅走霉運，化解纏繞身邊的小人，藉以達到改運的效果；由於小人愛藏身於陰暗處，加上三岔路的殺氣較重，鵝頸橋集合了各種必要條件，所以成為聞名中外的「打小人」勝地。這裡雲集各路高手，主要是年紀較大的女士，整個流程大約15分鐘，會先聽取姓名，然後點起香燭祭祀，口中唸著祈福的經文，把代表霉運的小人紙條放在磚頭上，用拖鞋拍打，之後與紙老虎一併燒去化解，再經過祈福擲筊後，整個儀式就算完成；每年農曆驚蟄注更是「打小人」求心安的高峰，拍打聲此起彼落、相當壯觀。

注：驚蟄為24節氣之一，於春分之前，天氣轉暖、漸有春雷，在香港的習俗，驚蟄為打小人的日子

1 鵝頸橋下聚集很多打小人的攤檔 **2** 打小人用的拖鞋

集購物、美食的知名購物中心
時代廣場

MAP P.145／A3
在地鐵站出口
出站即到

DATA

www.timessquare.com.hk 香港銅鑼灣勿地臣街1號 2118-8900 10:00～22:00(各店相異) 從港鐵銅鑼灣站A出口即可抵達

時代廣場是銅鑼灣的大型地標購物中心，更是香港十大最受歡迎景點之一。每日人流高達15萬人，樓高16層有超過230家商鋪可逛，網羅各種國際性的中高檔品牌，包括時裝、皮件、珠寶、鑽飾、書籍、影音、電器及運動用品等琳瑯滿目，2～9樓的各式品牌，絕對能讓女士們投入瘋狂的購物狀態；而10～13樓的「食通天」美食專門樓層，雲集近20間中、西、日、韓及東南亞等餐廳，更有一家引進了最新技術的電影院，休閒、娛樂、購物等通通都照顧到。

除了購物娛樂，時代廣場亦積極推動藝術活動，經常會舉辦大型展覽和表演，不同的場景布置吸引很多旅客駐足觀看拍照，推薦安排行程去逛一逛。

148

希慎廣場

中高價國際品牌、大型書店

MAP P.145/B2
在地鐵站出口出站即到

DATA

hp.leegardens.com.hk 香港銅鑼灣軒尼詩道500號 2886-7222 10:00～22:00(各店相異) 從港鐵銅鑼灣站F2出口即可抵達

近年才開幕的大型購物中心，是銅鑼灣的地標之一，與崇光百貨、時代廣場鼎足而立。這裡走中高價路線，集文化、時尚、生活、美食及美容等於一身，樓高17層的購物空間相當寬敞，有近120個國際著名品牌，還有占地3層樓的超大誠品書店，以及選擇豐富的餐廳美食專用樓層；特別推薦2樓的服飾品牌Hollister，帶有熱情洋溢的南加州風情，絕對能令你流連忘返，是買家非去不可的血拼勝地。

崇光百貨

週年慶來購物最划算

MAP P.145/C2
在地鐵站出站即到

DATA

www.sogo.com.hk 香港銅鑼灣軒尼詩道555號 2833-8338 週日～四10:00～22:00，週五、六、假日10:00～22:30 從港鐵銅鑼灣站D3出口即可抵達

於1985年開業，由日本引入的大型百貨公司，每層都規畫得相當有條理，店內貨品應有盡有，滿足不同需求的客人。位處人來人往的軒尼詩道，底層更連接港鐵銅鑼灣站，交通非常便利，樓高19層的購物空間，包括了各國名牌男女時裝、皮件系列、首飾精品、家庭電器、家居用品、食品食材及蔬果等等；每半年一次的感謝周年慶(5、11月)，都會推出很多限時折扣優惠，商品價格相當吸引人，絕對值得關注！

1 崇光百貨是銅鑼灣的重要地標 2 在周年慶時，精選貨品都有很大的折扣

香港地鐵：港島線

香港大學站　西營盤站　上環站　中環站　灣仔站　銅鑼灣站　北角站

149

特色美食
玫瑰千層蛋糕香港限定
LADY M

MAP P.145／C1
出地鐵站
步行約3分鐘

DATA

http www.ladymhk.com ✉香港銅鑼灣勿地臣街1號時代廣場3樓Kiosk G ☎3586-0368 ⏰週日～四11:00～21:00，週五～六11:00～22:00 💰每人均消約HK$100 ➡從港鐵銅鑼灣站A出口，到達時代廣場再依指標走，即可抵達

LADY M在美國紐約甜點界相當有名氣，來到香港設店後更引起了一陣吃千層蛋糕的瘋潮！他們的店都以純白為主色，餐桌用上白色的大理石，充滿高雅格調。

必試的招牌法式千層蛋糕，由20層手工做的餅皮與細滑鮮奶油層層相間，再微微烤至金黃色，每口都層次分明，甜而不膩；其他還有抹茶、巧克力等不同口味的蛋糕選擇，令人眼花撩亂。特別推薦玫瑰千層蛋糕，半透明的粉紅啫喱鋪在頂層，再放上食用玫瑰花瓣，單憑外表已經相當吸引，而且只有香港店限定推出，絕對不能錯過。

1 在時代廣場內的一角　2 不同款式的蛋糕　3 香港限定「玫瑰千層蛋糕」

特色美食
抹茶原香的細緻口感
Via Tokyo

MAP P.145／D3
出地鐵站
步行約5分鐘

DATA

http www.facebook.com/viatokyocafe ✉香港銅鑼灣禮頓道106-126號禮信大廈地下1A-1B號舖 ☎2895-1116 ⏰13:00～22:00 💰每人均消HK$50以下 ➡從港鐵銅鑼灣站F1出口，往右沿啟超道前行，左轉至恩平道直走到尾，於禮頓道左轉前行，全程約5分鐘即可抵達

抹茶備受日本人推崇，除了一般沖泡飲用，還可以製成精美的甜品糕點，銅鑼灣就有一家以抹茶為主題的日式甜品店，雖然開業還不久，但已經成為熱捧人氣焦點；店內裝修相當別致，可惜座位約只有20個，內用通常要稍等一會，但是外帶直接到櫃檯下單就可以。主打的抹茶雪糕口感細緻，帶有淡淡的抹茶甘香，不像一般連鎖店的偏甜抹茶，另一個重點是抹茶拿鐵，店員會用咖啡拉花技巧拉出特別的圖案，例如我最愛的龍貓圖案，相當的可愛；偷偷告訴大家，有一些是菜單上沒有的隱藏版甜品，只要關注他們的facebook專頁，就可以知道最近有什麼新推出的美味喔！

1 抹茶拿鐵上的可愛龍貓圖案拉花　2 日系風格的簡潔店面　3 白玉紅豆抹茶雪糕

天然豚骨拉麵專門店
一蘭

MAP P.145／A2
出地鐵站步行約2分鐘

DATA
🌐 hk.ichiran.com ✉ 香港銅鑼灣謝斐道440號駱克大廈A座地下F-G舖 ☎ 2116-4802 🕘 09:00～凌晨05:00
💲 每人均消HK$150以下 🚇 從港鐵銅鑼灣站C出口，沿波斯富街前行，於謝斐道左轉步行約2分鐘即可抵達

來自日本福岡的知名拉麵店，不少人專程飛往日本，就是為了一嘗他們的天然豬骨湯拉麵。一蘭的首家海外分店就選定香港，而且還是24小時營業，剛開業時曾引起一陣轟動，創下等候時間長達4個小時的紀錄，可見大家的渴望程度。香港分店無論選材用料，以至店內獨有的「味集中Counter」座位，都源自於日本的本店，相當用心；客人可以隨自己的口味喜好，選擇配料、麵的硬度和湯的濃度，若分量不夠還可以追加一份麵條，能在香港吃到正宗日本福岡拉麵，絕對是大滿足！

1 承襲日本本店的「味集中Counter」座位 **2** 天然豬骨湯拉麵 **3** 口感柔軟的日式叉燒 **4** 每個座位都有自助飲水機

老字號手工製涼果
上海么鳳

MAP P.145／B3
出地鐵站步行約2分鐘

DATA
✉ 香港銅鑼灣富明街3號號地下 ☎ 2328-6212 🕘 10:00～21:00 🚇 從港鐵銅鑼灣站F1出口，往右沿啟超道直走到尾，左轉至利園山道前行，於富明街右轉，全程約5分鐘即可抵達

已經有60多年歷史，專賣醃製涼果(註)，擁有「涼果之王」的美譽，與銅鑼灣另外一家么鳳本出自同門，但創始人過世，後人把祖業分開經營，繼承人努力的擴展上海么鳳，已經在各區開設了多家分店。每間店內都有超過百款的涼果製品，這裡更有澳門的特產百花魁蟠桃果，可是比澳門略貴了一點點；這裡的招牌話梅王，粒粒梅香味濃，每顆都是製師傅以純手工、舊古法製作，品質相當的穩定，吃後喉嚨間會有一種舒暢的感覺，是涼果迷必試之作。

註：涼果是中國的一種醃製小吃，類似酸梅、陳皮、甘草檸檬等食品

1 這裡有很多不同種類的糖果、涼果可供選擇 **2** 話梅王 **3** 陳皮王

香港地鐵：港島線

香港大學站　西營盤站　上環站　中環站　灣仔站　**銅鑼灣站**　北角站

特色美食
豪華漢堡大餐、膽固醇拋一邊
Burgeroom

MAP P.145／C1
出地鐵站步行約3分鐘

DATA

www.burgeroom.com 香港銅鑼灣百德新街50-56號Fashion Walk地下D舖 2890-9130 週一～四11:30～22:30，週五、六11:30～00:00，週日及公眾假期11:00～22:30 每人均消HK$200以下 從港鐵銅鑼灣站E出口，左轉沿記利佐治街前行，於百德新街左轉前行，於京士頓街右轉，再於厚誠街左轉，全程約3分鐘即可抵達

美式速食漢堡講求方便快速，但味道普通，難登大雅之堂，可是在我吃過這家店之後，便徹底改變了想法；店家用心嚴選材料，麵包使用日本麵粉製作，特別多加了芝麻，內層的番茄經去皮處理，十分細心。加入一些豪華食材，例如鵝肝牛肉漢堡，鵝肝肥美嫩滑、入口即化，祕製的牛肉和鵝肝這完美組合，令你連膽固醇破表也拋諸腦後；另一個是鮮龍蝦漢堡，將去殼後的波士頓龍蝦整隻夾在麵包中間，這樣豪華的漢堡令人不敢相信，除了以上2個豪華組合，其他如熱賣的軟殼蟹漢堡和大烤菇芝士(起司)牛肉漢堡，也是非常受歡迎，同是這家店獨門的吸客武器！

1 鵝肝牛肉漢堡　2 坐在露天座位、享用美食，感覺滿寫意的

特色美食
始終如一的傳統好味
丹麥餅店

MAP P.145／D3
出地鐵站步行約5分鐘

DATA

香港銅鑼灣禮頓道106號禮信大廈地下 2576-7353 06:30～19:00 每人均消HK$40以下 從港鐵銅鑼灣站F1出口，往右沿啟超道前行，左轉至恩平道直走到尾，穿過馬路到達加路連山道，全程約5分鐘即可抵達

1972年開業的丹麥餅店，販售麵包和油炸小吃為主，是不少港人的兒時最愛，雖然店面髒黑陳舊，但是人們沒有因此而卻步，經常有本地人排隊光顧，如碰上附近的大球場有足球賽事，這裡更會排隊人潮不斷，我每次經過，也忍不住買一隻炸雞腿享受一番。醃製雞腿放進油鍋裡炸熟，最後灑上鹽巴，雖然簡單卻很美味，這裡吸引人之處，絕對不是擁有米其林級的驚人味道，招牌菜也只是最普通不過的雙腸熱狗、炸豬扒包、炸魚柳包和炸雞腿等，而大家所喜歡的，可能就是這種始終如一的傳統味道、歷久彌新的真實感覺。

1 店內右邊是製作食物的地方　2 麵包和漢堡排會放在鐵板上烘過　3 烤魚柳包

街頭小食完美演繹
強記美食
特色美食

DATA MAP P.145／A2 出地鐵站 步行約3分鐘

香港灣仔駱克道406號地鋪　2572-5207　週二～日12:00～22:00　每人均消HK$100以下　從港鐵銅鑼灣站C出口，左轉沿駱克道直走，全程約3分鐘即可抵達

憑藉販售香港風味的街頭小食(小吃)，多年來持續獲得米其林指南街頭推薦小吃，可謂絕不簡單！這裡的魚蛋、豬皮、蘿蔔、腸粉、炒麵、糖水、豬骨粥和糯米飯等，樣樣皆可算是精選。其中的招牌臘味糯米飯，更是一年四季長期熱賣，最特別的是，捨棄熱炒改用炊蒸來製作，蝦米的鮮味和臘肉的香味滲入飯中，絕非等閒的好吃！

其他小食同樣出色，腸粉煎得恰到好處，綿滑入味的豬骨粥，沾滿醬汁的豬皮蘿蔔同是驚喜之作。從舊店搬遷過來新店現址，除了店面變得整潔有序，唯一不變的是食物仍然保持高水準！

1 煎得恰到好處的腸粉　2 香菇肉絲碗仔翅也是店內名菜　3 臘味糯米飯　4 搬到新址依然可見排隊人潮

熱炒螃蟹好滋味
橋底辣蟹
特色美食

DATA MAP P.145／A2 出地鐵站 步行約3分鐘

香港灣仔駱克道391號金禧大廈地鋪及1樓　3619-7268　11:30～凌晨02:00　每人均消HK$300以上　從港鐵銅鑼灣站C出口，左轉沿駱克道直走，全程約3分鐘即可抵達　晚上用餐人潮眾多，請先電話預訂，避免長時間排隊等候

早在20多年前，灣仔的鵝頸橋底一帶，就有好幾間以製作香辣有味海鮮而馳名的攤檔，每家都各有支持者，當中不乏各界名人，後來生意越做越大，相繼搬到店面裡繼續經營；論味道，每家都各有千秋，但若說到價格合理，我就比較推薦這家橋底辣蟹；雖然有3間分店，但是一到晚上，店外還是擠滿等候的人潮，所以聰明的做法，就是提前電話預訂，不然恐怕要排上一個多小時。這裡的招牌首選一定是橋底辣蟹，使用肉質肥厚的越南蟹，價格依螃蟹大小而定，每隻約500～1,000元港幣不等，還可以任意選擇辣度；螃蟹做法是屬於港式的避風塘炒法，先把螃蟹切開炸香，再加上蒜酥、辣椒和香蔥用大火快炒，蟹肉Q嫩富有彈性，辣味滲透蟹肉中令人大呼過癮，愛吃辣蟹之人一定要試，同場還有特大瀨尿蝦皇、豉椒炒大蜆、辣酒煮花螺等，每樣都相當不錯，當然焦點還是會放在螃蟹上面囉！

1 肥大肉厚的大蟹鉗　2 換新門面，歡迎往來客人　3 正宗避風塘炒法的橋底辣蟹

香港地鐵：港島線

香港大學站　西營盤站　上環站　中環站　灣仔站　銅鑼灣站　北角站

順遊景點

大坑新興美食區

　　大坑是銅鑼灣的後花園，位於港鐵銅鑼灣站與天后站之間，距離鬧市不遠卻又自成一角，周邊建築密度不高，散發一種獨特的悠閒格調，近年有不少特色餐廳及咖啡室進駐，令這裡漸漸成為一個新興熱點，很受美食愛好者歡迎，而在每年中秋節期間連續3天，浣紗街一帶更會有年度盛事「大坑舞火龍」舉行，相當熱鬧！

DATA

香港銅鑼灣大坑浣紗街 1.從港鐵天后站A1出口，前行橫過英皇道斑馬線後右轉步行至銅鑼灣道，然後左轉沿銅鑼灣道步行，全程約8分鐘即可抵達 2.從港鐵銅鑼灣站步行前往約需18分鐘，如乘坐的士(計程車)約3～5分鐘

154

香港地鐵：港島線

香港大學站　西營盤站　上環站　中環站　灣仔站　**銅鑼灣站**　北角站

1 書館街4號的古老大宅　2 蓮花宮　3 周邊有不少適合放鬆的餐廳和酒吧　4 民聲冰室　5 街角就有獨特的打卡景點　6 浣紗街街景

155

傳承舞火龍文化
大坑火龍文化館

遊賞去處

DATA

MAP P.154／中
出地鐵站步行約9分鐘

🌐 www.firedragon.org.hk 📧 香港銅鑼灣大坑書館街12號 ☎ 2805-0012 🕙 週二～六10:00～18:00 ❌ 週一、元旦、農曆年初一至年初三、耶穌受難日、聖誕節及聖誕節翌日 💲 免費開放 ➡ 參考P.154大坑新興美食區，於安庶庇街左轉前行，全程約8分鐘即可抵達

　　大坑火龍文化館的前身是「孔聖義學」，這是一所於1909年由大坑居民捐助設立的學校，為貧困子弟提供免費教育。後來該建築在日占時期遭破壞，1949年重建，並於2010年被評為三級歷史建築。經活化後，該址於2022年改建成大坑火龍文化館，展示大坑火龍的歷史和傳統，推廣這項非物質文化遺產。

1 大坑火龍文化館外觀 **2** 火龍頭紮作模型，是原來尺寸的一半 **3** 以高角度展示大坑火龍陣式「喜結龍團」 **4** 透過模型展示舞火龍盛況

大坑舞火龍

　　相傳在1880年大坑瘟疫橫行，死病者眾多，導致人心惶惶，後來村中長老經神明啟示，在中秋節以舞火龍繞村遊行，結果瘟疫真的消退了，自此成為大坑的傳統習俗，每年都會吸引大批旅客前往觀賞。

🌐 www.taihangfiredragon.hk 📧 銅鑼灣大坑浣紗街 ☎ 2577-2649 🕙 農曆8月14～16日20:15～22:30

炳記茶檔

招牌豬扒麵、濃郁熱奶茶

特色美食

MAP P.154／中
出地鐵站
步行約8分鐘

DATA

香港銅鑼灣大坑施弼街5號側　2577-3117　週二～日07:00～15:00　週一　每人均消HK$50以下　參考P.154大坑新興美食區，於安庶庇街左轉前行，全程約8分鐘即可抵達

在1950年代開業的炳記茶檔，多年來在大坑一直深受歡迎，就連港星陳奕迅、梁漢文及劉浩龍等都經常光顧，早前更被美國CNN網站嚴選為香港四大港式奶茶王之一。雖然名氣很大，但店面到現在依舊是小小一間綠色鐵皮屋，而用餐區就擺放在2幢大廈之間的通道上，上面架起大型帆布用來遮風擋雨，是非常有香港風味的露天攤位；排除環境因素，這裡的食物確實不錯，招牌豬扒麵的豬排，醃製得鬆軟入味，而且已細心地切成小塊，配上泡麵後相當有滋味，另外獲點名的熱奶茶更是濃郁香滑、無可挑剔，難怪經常出入高級餐廳的名人紅星，也被這種街頭滋味所吸引。

1 豬扒麵　2 很有香港風味的小攤檔　3 香滑順口的熱奶茶

順興大排檔

遠近馳名招牌滑蛋飯

特色美食

MAP P.154／中
出地鐵站
步行約8分鐘

DATA

香港銅鑼灣大坑京街第一巷　2576-6577　週二～日07:00～15:00　週一　每人均消HK$60以下　參考P.154大坑新興美食區，於安庶庇街左轉前行，全程約8分鐘即可抵達

來到大坑必定要試試順興的滑蛋叉燒飯和滑蛋蝦仁飯，這2款都是這裡的熱賣之作，很多人專程遠道而來，就是為了一嚐這美味，可惜這裡只做早餐和午餐時段，有時候食材賣完更會提早休息，太晚過來有可能會白跑一趟。雖然一般的茶餐廳也有供應這種飯類，但順興的炒蛋確實做得出色，沒加牛奶但仍然炒得很滑口，呈現出半熟帶點溏心的感覺，加上新鮮的叉燒或蝦仁，上桌時還配上一小碗香蔥甜豉油(醬油)，令整體加分不少，而在後巷用餐也別具風味，如想舒適點可到隔壁有冷氣的順興茶餐廳用餐。

1 很有水潤口感的滑蛋蝦仁飯　2 藏於巷弄中的鐵皮屋店面

香港地鐵：港島線

香港大學站　西營盤站　上環站　中環站　灣仔站　**銅鑼灣站**　北角站

順遊景點

赤柱

位處於香港島的南面，是個擁有歐洲風情的沿海小鎮，在1842年香港剛成為英國殖民地的時候，這裡曾是香港島的首府，後來雖然行政中心搬到中上環區，但赤柱一帶至今仍然是西方人主要的住宅區之一。赤柱的地名由來，源自於過往這裡附近種了不少紅色的木棉樹，樹幹在陽光照耀下看起來像一根赤紅色的柱子，因此這裡稱為「赤柱」；由於赤柱風光明媚，每到假日都會吸引大批遊客前來休閒放鬆，在市集裡可以選購中國風的紀念品，大街上還有一整排富有異國風情的餐廳及酒吧，適合與三五知己來此暢飲一番，也可在一望無際的海景下品嘗異國美食。

DATA

➡ **1.** 從港鐵銅鑼灣站F1出口，步行往渣甸街(參考P.145／C2)搭乘40號綠色小巴，於赤柱廣場下車，車程約35分鐘可抵達 **2.** 從港鐵香港站D出口，於中環交易廣場巴士總站搭乘6、6A、6X、66或260號巴士；於赤柱廣場或赤柱村站下車，車程約1小時可抵達 **3.** 從港鐵尖沙咀站A1出口，往右轉沿海防道前行，於廣東道左轉於新港中心外搭乘973號巴士，車程約1小時20分鐘可抵達

赤柱周邊街道圖

- 往港鐵香港站
- 往港鐵銅鑼灣站
- 佳美道
- 赤柱廣場
- 天后古廟
- 赤柱大街
- 泗溢
- 赤柱市場道
- 赤柱新街
- 赤柱村道
- 赤柱市集
- 舊赤柱警署
- 美利樓
- 東頭灣道
- 赤柱正灘
- 黃麻角道
- 赤柱監獄
- 赤柱卜公碼頭
- 赤柱軍人墳場
- 聖士提反灣泳灘
- 北

158

赤柱廣場

和家人寵物一起來逛街

遊賞去處 DATA

MAP P.158／左上　在巴士站牌旁下車即到

🌐 www.stanleyplaza.com　✉ 香港赤柱廣場　📞 2813-4623
🕗 08:00〜23:00(各店ం異)　➜ 參考P.158，搭巴士在赤柱廣場下車即可抵達

一般從銅鑼灣坐小巴進赤柱的旅客，第一站必定會在赤柱廣場下車，原因是這裡景觀寬闊，很多位置都能清楚眺望整個赤柱灣的美景。這裡採開放式設計，亦是香港少數歡迎顧客帶狗入內的購物中心，經常會看到小狗帶著主人逛街的逗趣畫面；此外商店、餐廳、超市及咖啡店齊備，還有兒童遊樂設施，很適合一家老少一起前來，玩累了可以坐在露天劇場休息，或是從這裡步行到附近的赤柱市集、美利樓、赤柱大街等都非常方便。每到夏天，我都會喜歡來赤柱曬太陽，先到廣場超市購買飲料啤酒，然後步行到赤柱海灘，慢慢享受富異國情調的陽光與美景，一待好幾個小時，都捨不得離開呢！

1 赤柱廣場每年舉辦的狗狗嘉年華，吸引飼主帶著狗寶貝一同來參加，刷新多個金氏世界紀錄
2 廣場內的商店街　**3** 室外觀景台　**4** 廣場上種植了很多自然植物，是逛街散步的好地方

香港地鐵：港島線

香港大學站　西營盤站　上環站　中環站　灣仔站　**銅鑼灣站**　北角站

浪漫有情調的約會勝地
美利樓

MAP P.158／左中
下巴士後步行約 5 分鐘

DATA

www.stanleyplaza.com　香港赤柱美利樓　24小時(各店相異)　參考P.158-159，從赤柱廣場往下步行約5分鐘即可抵達

赤柱內最有地標性的建築物，美利樓一定當之無愧。在1846年建成的美利樓，由花崗石拼砌而成，極具維多利亞式的建築風格，前身是駐港英軍在中環的宿舍，直到1980年因應香港中銀大廈的建築工程而需要拆除，由於美利樓極具歷史價值，政府決定將所有磚石保留，覓地重置，終於1998年於現址重建；現在的美利樓，除了是很多準新人拍婚紗照的必到景點之外，裡面亦開設了不少富有浪漫情調的西餐廳，是一個適合情侶約會的戀愛勝地。

1 富古舊風味的迴廊　2 晚上亮起燈光，充滿浪漫氣氛

採買伴手禮、紀念小物
赤柱市集

MAP P.158／中
在巴士站牌旁下車即到

DATA

香港赤柱市集　10:00～19:00(各店相異)　參考P.158，搭巴士在赤柱市集下車即可抵達

來赤柱必定要逛一逛熱鬧的赤柱市集，這裡是旅客採購伴手禮和紀念品的好地方，在兩排多幢的舊式樓宇中間，形成了一條狹長的小巷弄，上方設有遮蔽物，即使在烈日下逛街也很舒適，不會受外面天氣所影響。巷弄兩旁商店林立，大多販售各式手工藝品、油畫、書法、精品、玩具、皮件、衣飾和沙灘用品等等，種類五花八門，很多都是價廉物美；偶爾也會遇到有些店家定價比較高，建議大家不妨試試殺價，說不定會有意外驚喜，當然，如果已經很便宜就不要試了，免得自討沒趣。

1 2 市集裡有種類繁多的各種商品　3 很受外國人歡迎的中文書法字畫

獨門祕制西多士
泗溢
DATA 特色美食

MAP P.158／中
下巴士後 步行約1分鐘

香港赤柱赤柱市場道2號 2813-0507 週一、三、四06:30～12:30，週五～日06:30～16:30 週二、不定休 每人均消HK$50以下 參考P.158，搭巴士在赤柱市場下車，沿赤柱新街步行即可抵達，全程約1分鐘

西多士在香港本屬平常之物，但要做得出色卻是一門學問，這裡開業至今五十多年，首創獨門祕制的免糖漿咖央西多士，以人手將蛋白打成蛋白霜，混和蛋黃再塗在麵包上，內層塗滿咖央醬，再煎至金黃，入口鬆軟，甜而不膩，遠比其他來得特別，由於製作繁複，只限下午供應。另外這裡選擇並不多，而且熱飲都會預先加糖，店員略有霸氣，服務態度見仁見智，要有心理準備。

1 招牌祕製西多士 2 香港茶餐廳必有的「餐蛋麵」

輕鬆舒適的歐風情懷
赤柱大街
DATA 休閒娛樂

MAP P.158／中
下巴士後 步行約5分鐘

香港赤柱大街 09:00～凌晨02:00(各店相異) 參考P.158-159，從赤柱廣場往下步行約5分鐘即可抵達

這裡比中環的SoHo區感覺還要來得輕鬆，沒有燈紅酒綠，到處都能看見笑容，面向赤柱灣的碧海，偶爾會吹來陣陣海風，在大街上的餐廳酒吧，坐滿了一桌桌的外籍遊客，喝著啤酒聊天，如果沒留意路牌上的中文字，真的會以為自己置身在歐洲某個小鎮。隨意找家對味的酒吧坐下，點杯啤酒，再來些小吃，悠然自得地感受外國人的步調，有時候店內也會直播球賽，粉絲們總是歡喜若狂地大聲唱歌，支持著自己喜歡的隊伍，到處都熱情洋溢；假如不愛熱鬧氣氛，也可以到街角上，外牆塗成粉藍色的西餐廳，感受與酒吧截然不同的浪漫情調，坐在上層的露台位置，欣賞著被夕陽餘暉映照的整個海灣，此刻真是無價。

1 這裡是欣賞夕陽美景的好位置 2 街角的多國菜餐廳 3 遊人停下腳步欣賞街頭表演

香港地鐵：港島線 香港大學站 西營盤站 上環站 中環站 灣仔站 銅鑼灣站 北角站

港島線
Island Line

最道地的市民生活風景

北角站
North Point

←堅尼地城站　銅鑼灣站　天后站　炮台山站　**北角站**　鰂魚涌站　太古站　西灣河站　柴灣站→

將軍澳線　　　將軍澳線

162

北角站周邊街道圖

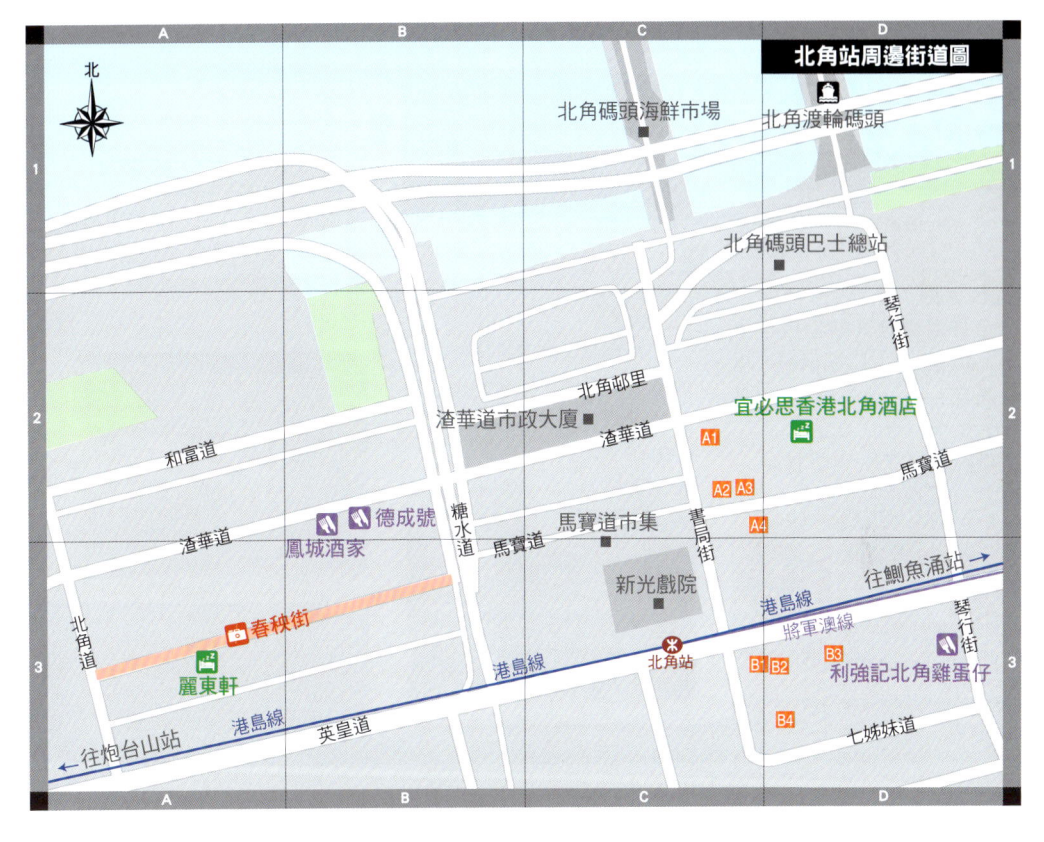

香港較舊的區塊，沒什麼改變的街道、樓房、店鋪和老茶樓，雖然沒有特別的歷史建築和景點，但卻能找到樸實的風光。走在北角街頭，會發現周邊販售的生活所需商品，價格都非常便宜，因為以前有大量的上海人和福建人在附近聚居，所以這裡又有「小上海」、「小福建」的別稱；時到今日，北角仍然保留了一絲古舊氣息，碩果僅存的大型上海理髮店，店內裝潢雖然陳舊，但別具風味，而春秧街一帶仍有不少福建人在這裡居住，菜市場裡可以看到街坊鄰居們以家鄉話熱絡的問候，更可以看到行人與電車爭路的奇妙情境，在這嘈雜繁囂的地方，即使是閉起雙眼，仍會感受到周邊生生不息的生命力，感覺就好像走進了港劇中的世界一般。

香港地鐵：港島線　香港大學站　西營盤站　上環站　中環站　灣仔站　銅鑼灣站　**北角站**

163

香港達人 HongKong
3大推薦地

遊客必訪
德成號
全香港最難買的蛋捲伴手禮，手工製作、口感酥脆、蛋味濃郁，令人魂縈夢牽。(見P.166)

作者最愛
春秧街
菜市場是了解當地人文的好地方，這裡還可以看到香港獨有的坐叮叮車逛街奇景。(見P.164)

在地人首推
利強記北角雞蛋仔
雞蛋仔是香港道地的街頭小吃，來到北角怎可錯過香港最有名的雞蛋仔名店呢？(見P.165)

遊賞去處　坐叮叮車逛菜市場
春秧街
MAP P.163／A3
出地鐵站步行約5分鐘

DATA

🏠香港北角春秧街 🕐07:00～22:00(各店相異) ➡從港鐵北角站A2出口，右轉沿馬寶道直走，於糖水道右轉，穿過橋底下的隧道後，往左轉前行至春秧街，全程約5分鐘即可抵達

要體驗一個地方最道地的一面，菜市場絕對是最好的選擇，不會有操流利外語的服務員，全都是率性直接的媽媽級主婦，而且還可以順道了解當地物價，所以我很喜歡到菜市場發掘最自然的人文風光。在北角春秧街這條攤商林立的街道上，經常會出現「電車分人海」的奇景，這源自於春秧街上建有一段單程的電車軌道，電車每天都會頻繁地駛過，路中的人群都會隨著電車駛進而緩緩散開，就像海潮起伏般的自然節奏；兩旁的攤販叫賣著鮮肉、蔬果、衣服、雜貨等等，配

街頭特色小吃專家
利強記北角雞蛋仔

特色美食 | DATA

MAP P.163／D3
出地鐵站 步行約2分鐘

📧 香港北角英皇道492號　📞 2590-9726　🕐 07:00～23:00　💲 每人均消HK$50以下　➡ 從港鐵北角站B3出口，右轉沿英皇道前行，於琴行街右轉，全程約2分鐘即可抵達

　　雞蛋仔是香港最有特色的街頭小吃之一，味道和台灣的雞蛋糕有點相似，但是製法卻不盡相同，首先把雞蛋、砂糖、麵粉和淡奶攪拌製成蛋漿，注入蜂巢狀的鐵製模具中間，然後以炭火或電能加熱烤製。這間利強記北角雞蛋仔在眾多的競爭者當中算是比較有名的，早在此地打響名號，吸引很多媒體和名人推薦，分店越開越多；要製作好吃的雞蛋仔，對師傅本身的技術和時間掌握都有很高的要求，我個人比較欣賞北角總店師傅的手藝，雞蛋仔外層特別金黃香脆，加上濃郁的雞蛋味，再往有層次的中間部分咬下去，令人有幸福和滿足的感覺。

1 香味濃郁的現做雞蛋仔　2 這裡生意很好，需要多個烤爐同時製作

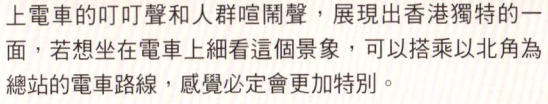

上電車的叮叮聲和人群喧鬧聲，展現出香港獨特的一面，若想坐在電車上細看這個景象，可以搭乘以北角為總站的電車路線，感覺必定會更加特別。

1 不要在春秧街站下車，要一直搭到北角總站，才看得到分人海的奇景　2 路人在電車軌道上行走　3 4 街道兩旁有肉檔、菜檔等攤販

香港地鐵：港島線

香港大學站　西營盤站　上環站　中環站　灣仔站　銅鑼灣站　北角站

165

特色美食

最難買到的老牌蛋捲

德成號

MAP P.163／B2
出地鐵站
步行約3分鐘

DATA

香港北角渣華道64號地下 ☎2570-5529、2571-5049 週一～六09:30～19:00 休週日 $每人均消HK$70以上 從港鐵北角站A1出口，左轉沿渣華道前行，全程約3分鐘即可抵達 有可能因貨量不足而暫停門市發售，建議先打電話去確認營業情況

　　已有70多年歷史，他們出品的蛋捲被譽為是「香港最難買的伴手禮」，全因店家堅持手工製作，做法繁複以致出貨量有限，加上全香港只有北角這間門市，所以每次在開店後不到1小時就會全數售完，即使用電話預訂也要等1～3個月。雖然聽起來好像遙不可及，但只要有決心，就絕對可以把蛋捲帶回家，店家每天都會預留一定數量的蛋捲在門市銷售，有家鄉雞蛋捲、鮮牛油蛋捲、鮮椰汁蛋捲等3種口味，但每人限買4磅（分別有1磅和2磅裝），太晚過去心儀的口味很可能會賣光，根據以往的經驗，只要在開店前約2個小時到現場排隊，等到開門後就可以將每根酥香鬆軟、蛋味濃郁的蛋捲帶回家囉！

1 2 多層次的蛋捲，有著酥脆口感和濃郁蛋香 3 門外張貼的售完告示 4 排隊購買蛋捲的人潮 5 店內放滿了一盒盒的雞蛋捲，但仍是供不應求 6 三種不同口味的雞蛋捲

傳統口味順德粵菜
鳳城酒家

特色美食
DATA

MAP P.163／B2
出地鐵站
步行約3分鐘

香港北角渣華道62-68號高發大廈地下及1樓 ☎2578-4898 ⏰09:00～15:00、18:00～22:00 💰每人均消HK$100以下 🚇從港鐵北角站A1出口，左轉沿渣華道前行，全程約3分鐘即可抵達

　　鳳城酒家在1954年由名廚馮滿創立，以製作順德菜[注]馳名，雖然銅鑼灣總店已經結束營業，但其他由馮滿弟子開設的鳳城酒家依然屹立至今，當中以北角分店最具歷史。堅持製作在外面已經非常少見的傳統口味，單是一道製法講究的灌湯餃，就足以令我常來光顧，充滿鮮味的湯汁餡料，輕輕咬破餃子皮，然後大力一吸，滋味真是無窮；其他懷舊點心還有上湯炸粉粿和蓮蓉包等，晚飯的菜式也同樣出色，連食評家蔡瀾也題字大讚，來這裡用餐的都是本地食客，看著他們悠哉悠哉地一邊看報紙、一邊品茶，是相當道地的飲茶體驗。

注：順德菜是粵菜4系之一，大部分的廣東菜都源自於順德菜系

1 鳳城蝦餃皇　2 鳳城灌湯餃　3 四寶鮮雞扎(雞捲)　4 蛋黃蓮蓉包　5 鳳城酒家的店外觀
6 香港食評家蔡瀾也推薦　7 寬敞寧靜的用餐空間

香港地鐵：港島線
香港大學站　西營盤站　上環站　中環站　灣仔站　銅鑼灣站　北角站

167

東涌線
Tung Chung Line

新興竄起的旅遊區

東涌站
Tung Chung

東涌站 — 終點站 — 昂坪360纜車
欣澳站 — 迪士尼線
青衣站 — 機場快綫
荔景站 — 荃灣線
南昌站 — 西鐵線
奧運站
九龍站 — 機場快綫 — 香港站→

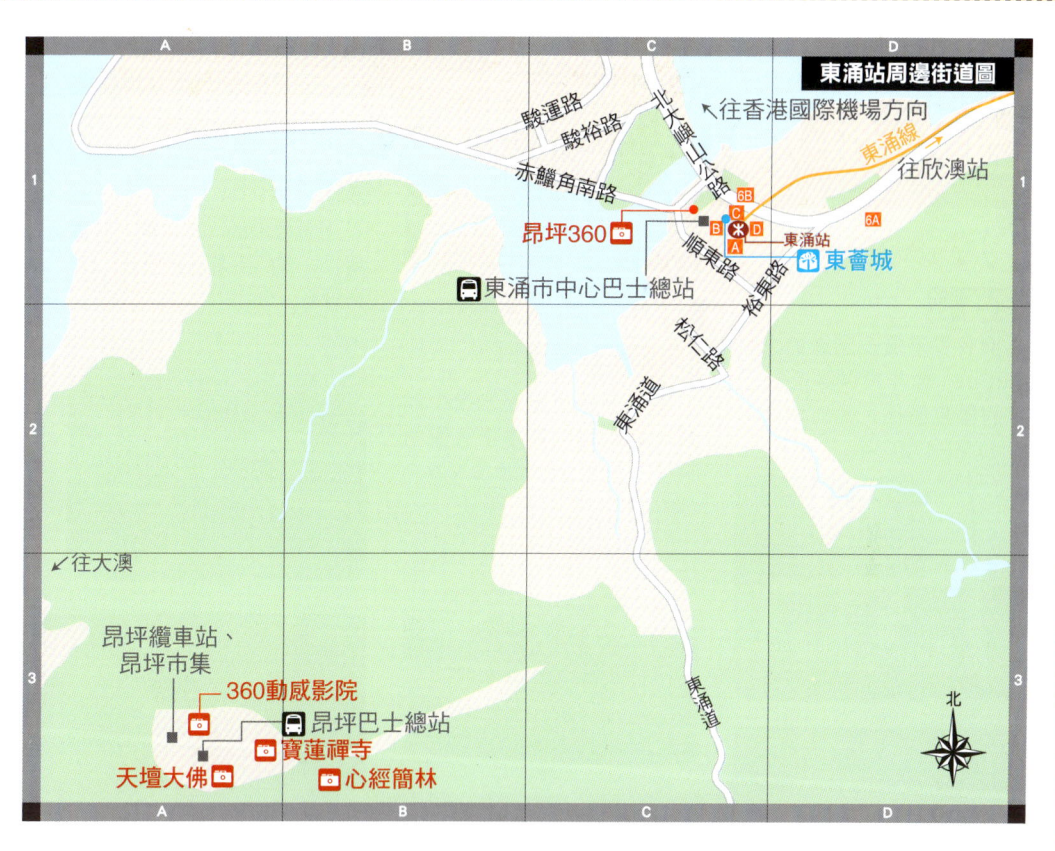

香港地鐵：東涌線

東涌站

東涌位處大嶼山北部，是香港新發展的市鎮，鄰近機場及港珠澳大橋，有巴士及地鐵連接市區，是交通方便的重要樞紐。因為地利的原因，東涌的大型Outlet東薈城，常是旅客離港前最後的血拼勝地，此外還有全亞洲最長的雙纜索纜車「昂坪360」，連接東涌至昂坪之間，沿途可以欣賞優美的自然風光，或可搭巴士前往昂坪，遊覽旁邊的昂坪市集、天壇大佛、寶蓮禪寺及心經簡林等著名景點，洗滌一下身心靈；也可以搭乘巴士前往有「東方威尼斯」之稱的水鄉大澳，感受一下小漁村風情，搭乘舢舨船出海，觀賞中華白海豚。集合各種獨特元素於一身的東涌，已成為近年最受歡迎的熱門去處之一。

169

香港達人 HongKong
3大推薦地

遊客必訪
東薈城
擁有香港最多品牌的大型Outlet，全年提供最低3～7折的優惠價格，是血拼的天堂！(見P.173)

作者最愛
舢舨遊大澳
乘坐舢舨小艇在水道中穿梭，近距離欣賞水上人家的棚屋，或出海看中華白海豚。(見P.175)

在地人首推
大澳
遊覽香港的「威尼斯」，感受不一樣的香港漁村風情。(見P.174)

遊賞去處 比喻生生不息的霧裡仙境
心經簡林

MAP P.169／B3
出纜車站步行約21分鐘

DATA

🏠大嶼山昂坪心經簡林 ➡ 1.參考P.171，從昂坪纜車站下車後步行約21分鐘可抵達 2.從港鐵東涌站B出口的巴士總站，搭乘23號巴士至昂坪巴士總站，車程約50分鐘，下車後步行約21分鐘可抵達 ⓘ有點偏僻，建議結伴成行

心經簡林位於昂坪附近的山上，是由38根8～10米高的木柱組成的大型戶外木刻群，上面刻有國學大師饒宗頤親題、送給香港人的《心經》漢譯本墨寶，整個木刻群排列成代表無限的∞字形，寓意生生不息；只要細心留意就會發現，依從山勢排列在最頂處的一根木柱，上面並沒有刻上任何字，你可能會懷疑是不是出錯了？但其實是刻意設計，以凸顯《心經》注中「空」的要義。山中偶爾會被大霧籠罩，猶如置身仙境一樣，就連韓國人氣綜藝節目《Running Man》也曾在這裡取景拍攝，所以早已聞名中外。

注：被儒、釋、道三教共尊的寶典《摩訶般若波羅蜜多心經》的經文

宏偉壯觀的木刻群

遊賞去處

玻璃水晶纜車、挑戰膽量

昂坪360

MAP P.169/C1
出地鐵站
步行約2分鐘

DATA

🌐www.np360.com.hk 📍香港大嶼山東涌達東路11號 ☎3666-0606 🕐每日10:00～18:00 💰**1.**標準車廂：來回大人HK$270、小孩HK$135、老人HK$155；單程大人HK$195、小孩HK$95、老人HK$105 **2.**水晶車廂：來回大人HK$350、小孩HK$215、老人HK$235；單程大人HK$235、小孩HK$135、老人HK$145 🚇從港鐵東涌站B出口，直線前行至纜車站，全程約2分鐘即可抵達 ℹ️纜車單趟車程約25分鐘

　　以前到訪天壇大佛，需要搭巴士經過崎嶇山路，顛簸得非常厲害，自從2009年有了昂坪360纜車，多了一個很舒適的方法遊覽大嶼山，是非常幸福的事。昂坪纜車全長5.7公里，是現在亞洲最長的雙纜索纜車系統，沿途可以360度環繞觀賞郊區景色，遠眺香港國際機場的飛機升降，並橫越東涌灣海面；除了普通的標準車廂之外，還有以3層強化玻璃作車廂底部的水晶車廂，坐上去會令人有「飛」起來的奇妙感覺，就連有輕微懼高症狀的我，試過之後也大呼過癮，當然有嚴重懼高症的朋友就千萬不要試了，因為全部25分鐘的車程，沒有中途站可以下車，真正是膽小勿亂試。

1 3 纜車車廂和排隊等候的乘客 **2** 四周被翠綠山嶺環繞，可遠眺天壇大佛 **4** 纜車路線會越過東涌灣上 **5** 東涌纜車站 **6** 從水晶車廂透明車底可看到昂坪棧道

香港地鐵：東涌線

東涌站

群山環繞的佛教聖地
寶蓮禪寺

MAP P.169／A3
出纜車站
步行約10分鐘

DATA

🌐 www.plm.org.hk ✉ 大嶼山昂坪寶蓮禪寺 ☎ 2985-5248 🕐 08:00～18:00，齋廚11:30～16:30 💲 免費參觀；齋廚每位HK＄150 🚌 參考P.172天壇大佛，就在旁邊位置

　　建於1906年，前身只是一間名為大茅蓬的小寺廟，直至1924年，經第一代住持紀修和尚正式命名為寶蓮禪寺。這裡被群山環繞，一旁有天壇大佛，是修行講道的理想地點；隨著信眾日漸增加，香火鼎盛，後來興建多座宏偉壯觀的佛殿，最為人熟悉的有大雄寶殿、觀音殿、韋馱殿以及萬佛寶殿等，是將宗教、文化、自然、藝術、傳統與現代集於一身的佛教聖地，亦有「南天佛國」之稱。即使沒有宗教信仰也可來此參觀一下，寺內齋堂還供應相當美味的特色齋菜，絕對要放下手中的快餐，來一趟洗滌身心之旅。

1 誠心參拜的信徒 **2** 從天壇大佛前遠眺寶蓮禪寺

洗滌心靈、參觀佛教珍品
天壇大佛

MAP P.169／A3
出纜車站
步行約7分鐘

DATA

🌐 www.plm.org.hk ✉ 大嶼山昂坪天壇大佛 ☎ 2985-5248 🕐 10:00～17:30 🚌 **1.**參考P.171，從昂坪纜車站(P.169／A3)下車後，步行約7分鐘即可抵達 **2.**從港鐵東涌站B出口的巴士總站，搭乘23號巴士至昂坪巴士總站，車程約50分鐘，下車後步行約5分鐘即可抵達

　　聳立在海拔482公尺的大嶼山木魚峰山上，是世界第二大的戶外青銅佛像，動用到製造火箭的中國航天部參與，經歷了12年才建造完成；大佛連基座總高約34公尺、重250公噸，由202塊壁板組裝而成，可見工程相當浩大。從大佛前廣場往上走到基座，需要經過268個石階，四周沒有樹蔭遮擋，太陽會直照頭上，建議預先做好防曬並準備充足的飲用水，避免在烈日之下中暑不適。走到梯階頂端抬頭一看，大佛散發出莊嚴祥和的氣息，環顧四周自然環境，格外令人心曠神怡；基座裡設有紀念堂展出佛教珍品，包括華嚴說法圖、地藏王菩薩木雕像，以及供奉著佛陀真身舍利等，於繁忙時段，需出示寶蓮禪寺(P.172)園區內小吃攤檔或齋廚的收據方可進場參觀。

1 雄偉的天壇大佛 **2** 大佛前的長階梯

購物血拼 香港遊最後血拼天堂

東薈城

MAP P.169/C1
在地鐵站出口出站即到

DATA
www.citygateoutlets.com.hk ◎香港大嶼山東涌達東路18-20號 ☎2109-2933 ⏰10:00～22:00(各店相異) ➡從港鐵東涌站C出口，即可抵達

輕鬆逛東薈城

1. 若要搭乘機場快線往機場，建議先在港鐵香港站、九龍站的預辦登機櫃檯，辦理報到手續和託運行李。
2. 建議預備一個輕便的手提袋或環保袋，方便將戰利品手提上飛機。

號稱全港唯一的名店折扣商場，就在港鐵東涌站旁邊，距離機場只需10～15分鐘車程，交通非常便利，經常會看到拉著行李箱的旅客來這裡做最後衝刺。商場於2019年完成擴建，樓層額外增加了9層之多，大大提升了購物空間，150多個全球知名品牌和名店進駐，另有40多間餐廳等，逛到累了可以休息一下。

這裡的商店全年提供最少3～7折的優惠，雖然大部分都是過季的商品，但只要細心尋找，必定可以挖到好貨，所以很多人都會將這裡列為行程中的最後一站，但我卻建議可在第一天先到這裡單純瀏覽，若看到喜歡的東西，可以給自己幾天時間思考，或是利用商場提供的免費Wi-Fi上網，和親朋好友即時比價選貨，非常方便。我曾經在這裡以300多港幣買了3雙球鞋，超級無敵划算，自制力較低的朋友，要小心會買到失心瘋的狀態。

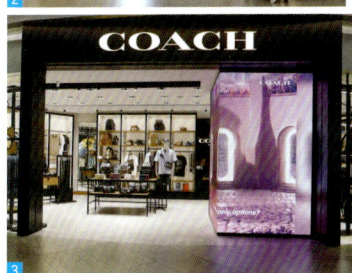

1 經擴建後的東薈城更具規模 2 富有未來感的商場內部 3 4 5 6 各種潮流服飾、鞋類和體育用品等，這裡都有很多選擇

香港地鐵：東涌線 東涌站

順遊景點

大澳

　　大澳是香港最古老的漁村，居民世代依靠捕魚為生，大部分居民都是以水上為家的蜑族人注。由於海上工作有一定的危險性，為了安全考量，蜑族人會把家中的老弱婦孺，安置在岸邊搭建的棚屋上居住；高腳設計的棚屋，是為了方便和漁船連接，藉此延伸活動空間，展現出蜑族人的生活智慧，也成為大澳這「東方威尼斯」的獨有特色。

　　遊覽大澳最好的方法，就是乘坐舢舨小艇，穿梭在交錯的河道之中，欣賞兩旁戶戶相連、大小不一的水上棚屋，偶爾也會看到居民在棚屋上曬製鹹魚及其他海產，充滿簡樸的水鄉風情。在新基大橋兩岸的大街上，有各式各樣的風味小吃，也可以買到漁民製作的本地海產，馳名的蝦醬、蝦膏、蝦乾、魚肚等，品質不錯而且香味撲鼻，很多人都會專程買回去當伴手禮，是值得品嚐的漁村味道。

注：蜑族，中國東南沿海的少數民族，多以船為家、捕魚為業。

大澳周邊街道圖

- 香港少林武術文化中心
- 洪聖古廟
- 勝利香蝦廠
- 大澳文物酒店
- 新基大橋
- 關帝古廟
- 吉慶後街
- 吉慶街
- 大澳小食
- 大涌街市街
- 舢舨遊大澳
- 橫水渡大橋
- 大澳永安街
- 往九龍方向↗
- 車站豆腐花
- 大澳永安街
- 大澳永安街
- 隱姑茶果
- 往東涌↗
- 大澳鄉事委員會歷史文化室
- 大澳巴士總站
- 大澳道
- 大澳道

DATA

📍香港大嶼山大澳　➡1.從港鐵東涌站B出口的巴士總站，搭乘11號巴士，至大澳巴士總站下車，車程約50分鐘可抵達 2.參考P.171，搭乘纜車至昂坪360纜車站，下車後步行約5分鐘到昂坪巴士總站，搭乘21號巴士，至大澳巴士總站下車，車程約20分鐘可抵達

1 漁民曬製的鹹魚 **2** 現點現做的各式海產 **3** 每個棚屋都設置有私人碼頭 **4** 河道兩旁的水上棚屋

舢舨遊大澳
必搭遊船、看中華白海豚

遊賞去處

MAP P.174／中
出巴士站
步行約2分鐘

DATA
✉ 大嶼山大澳橫水渡大橋兩側 ⏰ 早上～傍晚 💲 HK$20～25 🚌 參考P.174大澳，搭巴士到大澳巴士總站，沿大澳永安街前進，步行至橫水渡大橋兩側，全程約2分鐘即可抵達

來到有「東方威尼斯」之稱的大澳，若沒搭過舢舨船，就好像去威尼斯沒坐過貢多拉船一樣，所以必定要加入行程當中。在橫水渡大橋兩旁各有一間觀光船公司，可隨意選擇，買票之後就可以登上舢舨小艇；座位建議選擇坐在近船尾位置的左右兩側，一來被浪花濺濕的機會較少，二來是容易聽得到船家的介紹。

舢舨船的路線，是先在大澳水鄉繞一圈遊棚屋，近距離觀看棚屋上居民生活，相當特別，接著直接開到海中央，這時候要全神貫注留意海面，因為中華白海豚可能會隨時出現，但是牠們非常頑皮，不能保證每次都看得到，聽船家說中華白海豚的活躍時間，分別是黎明及黃昏，這點要特別留意；最後回程會先經過一個碼頭，從那邊徒步走回車站需時約20分鐘，途中會經過大澳文物酒店和蝦醬廠等多個景點，有興趣亦可以前往。

1 近年新建的中國風棚屋 **2** 來到大澳，必定要搭舢舨船

香港地鐵：東涌線

東涌站

專題介紹

嗇色園黃大仙祠

DATA
- www1.siksikyuen.org.hk
- 九龍黃大仙竹園村2號
- 2327-8141
- 07:30～16:30
- 從港鐵觀塘線黃大仙站B2出口，步行3分鐘即可抵達
- MAP P.4 / 14

　　黃大仙祠是香港最著名的寺廟之一，融合中國傳統的儒、釋、道三教，是香港人的信仰中心，主要供奉著東晉時期中國道教神祇黃初平，本來是一名牧童的他，在15歲的時候經道士指引，到赤松山金華洞內石室修仙，故後世稱為「赤松黃大仙」。香港的黃大仙祠是在1921年建成，相傳是道長得黃大仙師降乩啟示，帶著仙師畫像及一眾道侶到九龍城以北覓地建殿，最終在竹園附近一山闢地建祠，壇號取名「普宜」，並成立與園名相同的管理機構「嗇色園」。

　　嗇色園在成立初期，是只供道侶和家屬膜拜的私人道場，直至1934年才全面對外開放，並向市民贈醫施藥；坊間流傳黃大仙「有求必應」，加上籤文靈驗，每年都會吸引大批信眾到祠內參拜，香火相當鼎盛，但所謂的「有求必應」，必須符合黃大仙「普濟勸善」的信仰宗旨，若要祈求不勞而獲就未必合適。來到嗇色園，只需依照路線從左至右的順序參拜即可，園內提供了免費清香，不需要自備祭品，還有不可錯過大殿前的求籤項目，很多香港人在心裡抱有疑惑的時候，都會來求黃大仙的指引，據說相當靈驗；即使是無神論者，也可以把這裡當作歷史建築欣賞，建築群中的左龍右鳳、中間的五行風水布局，也是非常值得一看。

黃大仙祠求籤步驟

Step 1 先要到旁邊取用籤筒和跪墊

Step 2 跪在大殿外神明面前，誠心說出或是默想心裡所求

Step 3 輕輕地重複搖晃籤筒，直至其中一枝靈籤從籤筒掉出來

Step 4 記住籤上號碼，可以自行解讀籤詩，或是到旁邊的籤品哲理中心付費找專業師傅講解

1 黃大仙祠的祭拜提示 2 旁邊的籤品哲理中心有很多看相算命店 3 嗇色園的入口 4 必定要求的黃大仙靈籤

慈山寺

DATA

🌐www.tszshan.org ✉香港新界大埔普門路88號 ☎2123-8666 🕐週二至週日10:00〜13:00(最後入館時間12:15)、14:00〜17:00(最後入館時間16:15) 💲免費(建議提前30日網上預約) ➊. 從港鐵大埔墟站B出口乘搭小巴20B開往洞梓，請於洞梓路與普門路交界下車，沿普門路步行約10分鐘即抵達慈山寺；➋. 從港鐵大埔墟站B出口乘搭小巴20T即可到達，班次為(週一至週五)：09:15、09:45、13:15、13:45，回程班次為(公眾假期除外)：11:30、12:00、12:30、13:00、13:30、15:30、16:10、16:30、17:00；➌. 於港鐵大埔墟站乘搭的士前往慈山寺約為HK$80 MAP P.4 / ㉚

慈山寺地處大埔洞梓，占地約50萬平方呎，於2003年由香港富豪李嘉誠先生旗下基金出資興建，歷逾10年，此因李先生自幼受長輩薰陶，與佛教締結了甚深法緣。慈山寺是由大雄寶殿、彌勒殿、普門(即觀音殿)、僧寮等建築群所組成，建築風格參照了唐代寺廟元素融入現代設計，造型寬敞典雅。在大雄寶殿前的大庭院設有青銅燈籠，為參照日本奈良東大寺所製作的作品，帶有日式的典雅風情。有別於一般廟宇，這裡以「供水」這個修持活動代替燒香，好讓人們洗滌心靈。

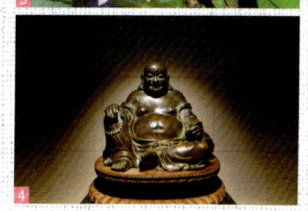

穿過普門就會看到一座素白觀音聖像，面向南方與位於大嶼山的天壇大佛遙遙相對，觀音聖像包含基座總高76公尺，由1千2百多塊青銅合金鑄造，外面噴塗白色氟碳自淨漆，造型參考宋式白衣觀音，由北京雕塑家張金海先生原創，法相慈悲莊嚴，頭頂髮髻中現阿彌陀佛像，寓意無量法力庇佑眾生。觀音聖像俯瞰眾生，以慈悲與智慧度一切有情，其右手持智慧摩尼寶珠，左手持淨瓶，施灑淨水，讓信眾獲得清淨。而基座底層正是慈山寺佛教藝術博物館，展覽佛教珍貴展品。

寺廟的大部分區域都可以參觀，遊客應尊重寺廟的宗教氛圍和規定，穿著得體並保持安靜。參觀者可以欣賞寺廟的建築和藝術品，並在寧靜的環境中放鬆身心。

➊大雄寶殿 ➋觀音聖像 ➌寺內的荷花池 ➍彌勒佛坐像 ➎寺內充滿平靜舒適的氛圍 ➏供水池

充滿特色的專題介紹 嗇色園黃大仙祠、慈山寺

177

專題介紹

海洋公園

香港海洋公園位於香港島南區，占地超過91.5公頃，是一座集娛樂、教育及保育於一身的世界級主題公園，自1977年開業至今，接待了超過1億名遊客，基本上每個香港人都去過，是極具代表性的主題公園，2012年更成為亞洲首座獲得「全球最佳主題公園」(The Applause Award) 大獎的主題公園。

有著歡樂氣氛的主題遊樂園

香港海洋公園

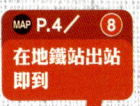

MAP P.4 / ⑧
在地鐵站出站即到

DATA
http www.oceanpark.com.hk ✉ 香港仔黃竹坑道180號 ☎ 3923-2323 🕐 10:00～20:00，可能略有不同，建議事先上網查詢 💲 大人HK$498，小孩（3～11歲）HK$249 🚇 從港鐵海洋公園站B出口即可抵達

分為「海濱樂園」及「高峰樂園」兩大景區，中間由登山纜車和海洋列車所連接，園內除了保留舊有的元素外，近年也加入很多新的設施，包括「亞洲動物天地」、「香港老大街」、「海洋奇觀」、「熱帶雨林天地」、「動感天地」和「冰極天地」等，還有一個名為「雙龍奇緣」的360度全景水幕表演，每晚都會在海洋公園的人工湖演出15分鐘，其水火相容噴泉的特技效果令我非常讚歎！而在每年的特別節慶，也會推出應景的主題活動，當中最熱鬧的可算是以萬聖節為題的「十月全城哈囉喂」，整個園區都會布置成陰森恐怖的鬼屋，扮成妖怪、幽靈的表演者會在園內舉行派對，都會吸引大批市民到海洋公園感受節日氣氛，絕對是香港一年一度的大盛事，充滿了節日氣氛。

海洋公園精采推薦

焦點 1　冰極天地

蒐羅了南北極珍貴動物，有企鵝、北極狐、北海獅和雪鴞等，在「南極奇觀」展館裡，旅客可以從透明地板觀看企鵝的生活，由於要保護館內極地動物，室溫保持在8～17度，旅客進場請自備禦寒衣物，免得著涼。

焦點 2　動感天地

在山上的高峰樂園有不少驚險刺激的遊戲，當中以「動感天地」最為嚇人，可以先玩「雷霆節拍」和「超速旋風」作為前菜，再來就是會360度凌空迴旋的「翻天覆地」，壓軸必定是雙腳懸掛於半空的過山車「動感快車」，勁速轉圈和數個急彎，加上強勁的離心力，是挑戰膽量的必玩遊戲。

焦點 3　夢幻水都

新設置的一座藍色蛋形、名列世界10大水族館的「海洋奇觀」，高8公尺、寬13公尺的巨型櫥窗，可一次盡覽超過400種、達5,000條的海洋珍貴魚類，也可以到館內的「海龍王餐廳」，體驗在深海裡用餐的奇妙感覺；到了傍晚，還可以在館外的人工湖欣賞全球首創的360度水幕表演「雙龍奇緣」，燈光的投射效果加上奧斯卡得獎大師的配樂，再配合特技水炮和噴火槍交錯發射，享受不一樣的視聽震撼。

充滿特色的專題介紹　海洋公園

本頁圖片提供／香港海洋公園　179

焦點 4　香港老大街

以香港50～70年代為主題的景區，將老香港風貌帶到現代，走進這條大街，就好像走進時光隧道，很多充滿人情味的老街和店鋪都一一重現眼前，逐一品嘗經典港式街頭小吃，選購各式各樣的懷舊紀念品，登上古舊的老電車，沉浸在香港人的集體回憶當中。

焦點 5　亞洲動物天地

全世界首個融合戶外及室內環境的動物展示空間，由多個展館組成，分別展出世界上罕見的稀有動物，有大熊貓、小熊貓、揚子鱷、金絲猴、小爪水獺、草原鵰及地中海隼等，而「金魚寶殿」則展出超過百條珍稀的金魚品種，當中包括黑獅頭、雲石花文魚、藍丹鳳、水墨花龍睛及紅白龍睛蘭壽等，並向旅客傳達環境保育的訊息。

本頁圖片提供／香港海洋公園

推薦玩樂路線
1. 刺激探險路線

海洋奇觀▶乘坐海洋列車到高峰樂園▶動威天地▶動威快車▶翻天覆地▶威水笨豬跳▶熱帶激流▶冰極天地▶沖天搖擺船▶瘋狂過山車▶水母萬花筒▶乘坐登山纜車下山▶香港老大街▶雙龍奇緣

2. 親子溫馨路線

海洋奇觀▶親親大熊貓▶天上王者雀鳥劇場▶威威天地▶香港老大街▶乘坐登山纜車上山▶冰極天地▶海洋劇場▶摩天巨輪▶橫衝直撞▶乘坐海洋列車到海濱樂園▶雙龍奇緣

充滿特色的專題介紹 海洋公園

本頁圖片提供／香港海洋公園

專題介紹

香港迪士尼樂園

　　2005年開幕的香港迪士尼樂園，是迪士尼在全球第五座、亞洲第二座的主題樂園，園內的設計概念以加州迪士尼樂園為藍本，並且加入了獨一無二的特色景點；共分為八大主題園區，各有不同的主題表演及刺激的遊樂設施，所有家喻戶曉的迪士尼經典故事人物都會登場，而全球第一座《魔雪奇緣》主題園區亦已於2023年年底正式登場，安娜與愛莎等高人氣角色會於阿德爾王國與遊客同樂；香港迪士尼樂園更配合香港的文化構思出特別的主題活動，包括萬聖節的「黑色世界」，聖誕節的「雪亮聖誕」，以及農曆新年的「新春慶祝」等，每次都會有多采多姿的表演節目，增添不少節日氣氛。另外，園區內還建有3間迪士尼主題酒店，旅客可以一嘗住在童話世界裡的夢幻感覺，享受不一樣的奇妙之旅。

本頁圖片提供／香港迪士尼

充滿特色的專題介紹 香港迪士尼樂園

DATA

- park.hongkongdisneyland.com ✉ 香港大嶼山竹篙灣
- 香港迪士尼樂園 ☎ 3550-3388 🕙 10:00～21:00(依日子不同，建議先上網查詢) 休 週三 (普通日子，建議先上網查詢)
- $ 香港迪士尼樂園設立門票分級制，按繁忙程度為不同日子劃分為4個級別，建議旅客提早購買門票，及到入園預約網頁以門票編號查詢及預約到訪日子。

1日門票適用日子		入園預約網頁		
	第1級別	第2級別	第3級別	第4級別
成人	HK$669	HK$759	HK$849	HK$939
小童	HK$499	HK$569	HK$639	HK$705
長者	HK$100	HK$100	HK$100	HK$100

➡ 從港鐵迪士尼站A出口，即可抵達 MAP P.4 / 27

迪士尼尊享卡 (Disney Premier Access)

迪士尼尊享卡分8項或5選3項設施通行，可以於指定設施尊享快速通行，兩種價格各異，價格為HK$199起，客人可以按自己的需求在官網選購。

- www.hongkongdisneyland.com/zh-hk/offers-discounts/disney-premier-access/

本頁圖片提供／香港迪士尼

183

主題園區精采推薦

主題 1 魔雪奇緣

作為全球第一座「魔雪奇緣」主題園區，裡面充滿北歐小鎮風情，每一個細節都經過用心布置，務求將阿德爾王國完美呈現於賓客面前。站在「國王橋」，遊客能夠飽覽阿德爾城堡、友誼噴泉、阿德爾港和阿德爾森林的湖光山色，還有北山上的冰雪皇宮。歡迎坐上「魔雪奇幻之旅」木船參觀壯麗冰雪的皇宮，在悅耳動人的音樂下，感受愛莎的冰雪魔法。而「雪嶺滑雪橇」過山車是阿德爾商人奧肯不惜工本打造的合家歡遊樂設施，於軌道上高速滑行，一邊欣賞阿德爾王國的自然美景，投入前所未有「for the first time in forever」的奇妙體驗。

本頁圖片提供／香港迪士尼

主題 2 美國小鎮大街

處處都是帶有濃厚復古風味的建築物，還有各式各樣的店鋪，就好像重返到20世紀初的美國小鎮一樣。這裡是重要的表演場地，每天都會有「米奇與好友大街狂歡派對」演出，迪士尼卡通人物都會在此載歌載舞，相當的熱鬧；晚上在奇妙夢想城堡的位置還有長達20分鐘的多媒體光影煙火匯演「迪士尼星夢光影之旅」，以立體光雕投影技術將迪士尼與彼思經典故事投射於城堡上，在迪士尼音樂與旋律下，激光、燈光、水柱、煙火效果交織出六個人生重要的章節，迪士尼朋友與賓客一起領略時間的珍貴，製造難忘回憶。

充滿特色的專題介紹　香港迪士尼樂園

本頁圖片提供／香港迪士尼

主題 3 明日世界

若要說到樂園裡最刺激的遊戲，必定就是「星戰極速穿梭」，以驚人速度在漆黑的星際下與戰機激戰，急速地轉向、扭動、衝刺、急墜，極盡刺激之餘又不會嚇破膽，非常大推！

接著是「鐵甲奇俠飛行之旅」，戴上3D眼鏡坐上飛行車，飛越香港上空與鋼鐵人並肩作戰，對抗邪惡勢力；此外還可以到「史達工業呈獻：鐵甲奇俠裝備展」和「星球大戰：指揮站」，與鋼鐵人、Chewbacca或R2-D2見面，作近距離互動，總體來說大人與小孩都會在這區玩得樂而忘返。

主題 4 灰熊山谷

香港迪士尼獨有的主題園區，一定要試試「灰熊山極速礦車」，園區中最長的軌道，除了基本的俯衝、翻滾，還會突然急速倒墜和往後，自開幕以來，一直擁有高人氣。另外，這個充滿美國西部風情的淘金小鎮，有一個間歇爆發的「噴泉山谷」，會突然從地底噴出沖天水柱，所以要有「濕身」的心理準備，最後別忘記跟穿上美國西部服飾的迪士尼人物合照留念喔！

本頁圖片提供／香港迪士尼

| 主題 5 | 反斗奇兵大本營 |

若有看過經典卡通《玩具總動員》的朋友，相信也會幻想過自己變成玩具，走進安迪房間裡與胡迪和巴斯光年做朋友吧？在亞洲獨有的主題區「反斗奇兵大本營」就能滿足你這個願望，坐上「沖天遙控車」，在27公尺高的「U」形軌道上來回衝刺，登上「轉轉彈弓狗」與彈弓狗追逐牠的尾巴，還可以參加「玩具兵團訓練營」與玩具兵士兵一同受訓，到「玩具兵團跳降傘」體驗無重力下降的感覺、俯瞰整個園區，喜歡《玩具總動員》就絕對不能錯過！

充滿特色的專題介紹　香港迪士尼樂園

本頁圖片提供／香港迪士尼

主題 6 迷離莊園

迷離莊園是近幾年落成的主題區，亦是香港迪士尼獨有，故事背景的莊園主人是探險家亨利爵士，他將所有收藏品都放置在「迷離大宅」內，要參觀就必先坐上由射頻辨識及 Wi-Fi 技術操控的「迷離莊園電磁廂車」，路線會根據第一～四號車的停泊位置而定，沿途會遊歷 11 個不同場景，觀眾可從聽覺、視覺、嗅覺、觸覺和動感來感受逼真的特效，大宅內還動用多座超高清 4K 級別投影機，令賓客猶如置身私人移動劇院一樣，還有別忘記遊覽外面的「奇幻庭園」，處處都是 3D 立體錯視效果的藝術品，是一個拍照的好景點。

主題 7 探險世界

讓旅客體驗熱帶原始森林的探險歷程，坐上小船參與「森林河流之旅」，在神秘的河流上探險，搭乘木筏前往泰山居住的「泰山樹屋」作客，在澎湃鼓聲中與熱情的表演者上演「街頭狂歡」，還有必定要欣賞的音樂劇《獅子王慶典》，該劇由動畫《獅子王》改編而成，除了可以看主角辛巴之外，還會有搞笑逗趣的孖寶、丁滿與澎澎出場，唱著耳熟能詳的歌曲 Hukuna Matata，加上其他表演者賣力演出，相當有可看性，這裡是很適合帶小朋友來玩樂的一區。

本頁圖片提供／香港迪士尼

主題 8　幻想世界

穿過「睡美人（公主）城堡」大門，就會走進幻想世界主題區，這裡的「夢想花園」是能夠和最多迪士尼人物見面的地方，亦是小朋友的夢幻國度。很多以迪士尼故事為主題的設施，有長期高人氣的「小熊維尼歷險之旅」，3D 電影劇場「米奇幻想曲」，以童心看世界的「小小世界」，輕量級的機動遊戲「瘋帽子旋轉杯」和「小飛象旋轉世界」等；還有非看不可的「迪士尼魔法書房」[註]，可愛的迪士尼人物會載歌載舞，上演一齣百老匯式的大型音樂劇，還會演繹多個迪士尼的經典故事，多看幾次也不會厭倦。到傍晚，在充滿夢幻氣氛的「灰姑娘旋轉木馬」前面拍照留念，為這趟旅程留下一個美好回憶。

註：「迪士尼魔法書房」入場人數有限制，需要在演出前最少 30 分鐘到場

充滿特色的專題介紹　香港迪士尼樂園

本頁圖片提供／香港迪士尼

189

搭地鐵玩遍
香港

Hong K

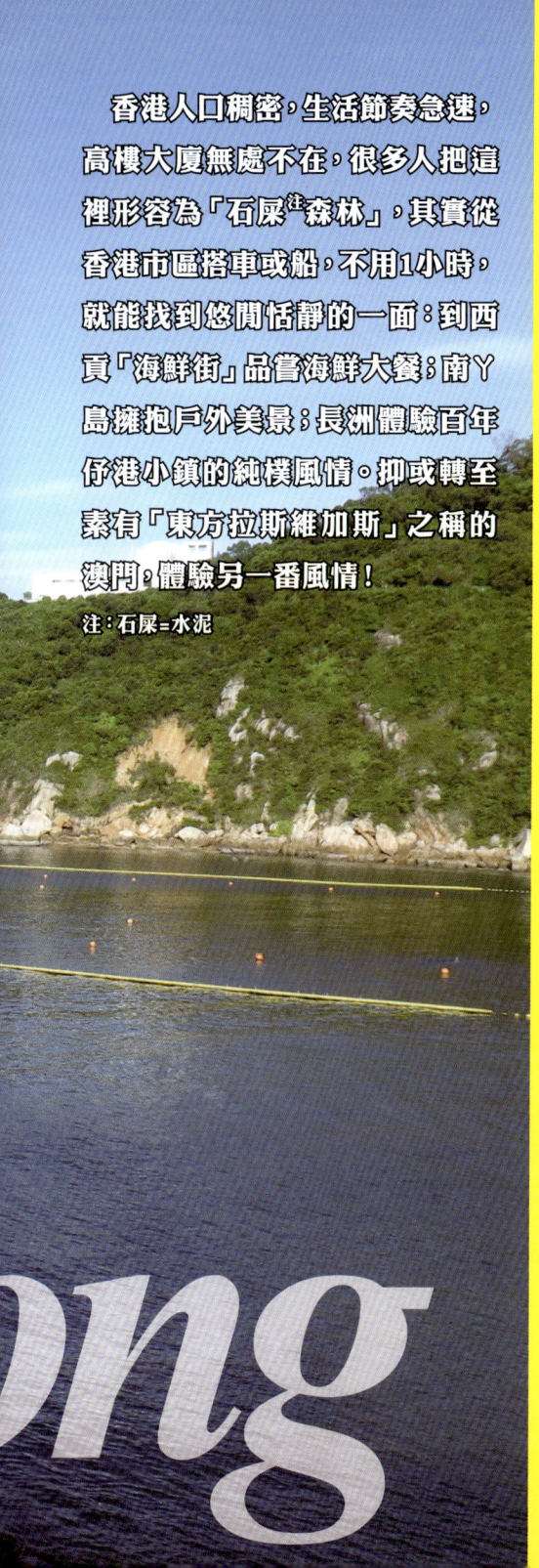

獨具魅力的精采順遊

香港人口稠密，生活節奏急速，高樓大廈無處不在，很多人把這裡形容為「石屎[注]森林」，其實從香港市區搭車或船，不用1小時，就能找到悠閒恬靜的一面：到西貢「海鮮街」品嘗海鮮大餐；南丫島擁抱戶外美景；長洲體驗百年仔港小鎮的純樸風情。抑或轉至素有「東方拉斯維加斯」之稱的澳門，體驗另一番風情！

注：石屎=水泥

西貢	192
南丫島	196
長洲	200

西貢

　　位處香港東面，青山綠水環繞，大部分未被開發，有「香港後花園」之稱，重點是距離市區不遠，是很多香港人郊遊、放鬆的旅遊熱點；名稱由來可追溯至明朝，當時明成祖曾7次派鄭和出使西洋，此後就有很多外國商船前來朝貢，人們把商船停泊的港口稱作「西方來貢」的地方，簡稱為「西貢」。

　　現在西貢碼頭一帶，是香港人假日吃喝玩樂的好去處，有很多特色餐廳、咖啡店、甜品店和手工藝品店，在碼頭旁還有不少推廣往來鄰近小島「街渡」觀光船行程的攤位，只要港幣數十元就可以到離岸小島體驗另類的生態旅遊。西貢的另一大特色，漁民乘坐小艇在岸邊販售漁獲，會引來很多人圍觀，全部海鮮都不會標明售價，只要很會殺價，絕對可以撿到便宜，加上海鮮都是現賣現殺、保證新鮮；不少客人買完海鮮後，會帶到海鮮街周邊的餐館找師傅料理，加上代客料理的費用，有機會比在海鮮餐館買的更划算。

DATA

✉ 香港西貢碼頭 ➡ **1.** 從港鐵彩虹站C2出口，搭乘1A號綠色小巴前往，車程約40分鐘 **2.** 從港鐵坑口站B2出口，於坑口站公共運輸交匯處搭乘101M號綠色小巴前往，車程約36分鐘

1 漁民在小艇上販售漁獲 2 西貢海濱公園 3 西貢街頭的特色個性小店

西貢周邊街道圖

獨具魅力的精采順遊 西貢．南丫島．長洲

1 西貢公眾碼頭旁邊擠滿了很多購買海產的人 2 復古家具店 3 很多狗主人帶著毛寶貝出海暢泳 4 港灣內停滿很多小船

特色美食

新鮮海味任君選擇

西貢海鮮街

MAP P.192／下
出小巴站
步行約3分鐘

DATA

⊠ 西貢海傍街　⏰ 11:00～凌晨00:00(各家相異)　➡ 參考P.192，從西貢碼頭公共小巴總站，正面向大海，右轉沿西貢海傍廣場直行，全程約3分鐘即可抵達

　　西貢是吃海鮮的好地方，在海傍街一帶就有數十間海鮮餐館，所以稱這裡為「海鮮街」。後來興建了一座中國風十足的牌坊，除了顯眼的「海鮮街」名號外，兩邊門柱上還寫了一副對聯：「西貢遊瀏覽青山綠水，海旁饌品嘗美食珍饈」，如此已充分說明了來這裡的重要任務。沿步行街進去，會看到酒家門外放置著滿滿的水族箱，各式生猛海鮮供客人挑選，下單時決定好料理方式後，就可以回到座位上等待佳肴上桌了；如果不怕吵雜，建議選擇露天的臨海座位，一邊欣賞港灣美景，一邊品嘗美食，絕對是賞心樂事，還有這裡的食物價格豐儉由人，必定能令你大飽口福。

１ 有海鮮街之稱的西貢海傍廣場 ２５６ 各式各樣的新鮮生猛海產 ３ 室外的露天座位 ４ 餐館門外都放滿各種魚類海鮮

194

在地人推薦

全記海鮮菜館

有多款海鮮套餐可選擇，菜單明碼實價，客人可以依照預算點餐，不用左猜右想。

📧 西貢海傍街53號地下 📞 2791-1195 🕐 11:00～凌晨00:00 💰 每人均消HK$200～400 ➡️ 參考P.194的西貢海鮮街，於「海鮮街」牌坊旁邊
MAP P.192／下

勝記海鮮酒家

米其林一星餐廳，最豪華、最美味的海鮮大餐，都可以在這裡吃得到！

🌐 www.singkee.ecomm.hk 📧 西貢大街33-39號地鋪 📞 2791-9887 🕐 11:30～22:00 💰 每人均消HK$300～500 ➡️ 參考P.194的西貢海鮮街，沿海傍街步行到尾，全程約3分鐘即可抵達
MAP P.192／下

獨具魅力的精采順遊　西貢・南丫島・長洲

特色美食

滿記甜品

每日新鮮的直送好味

MAP P.192／左
出小巴站步行約5分鐘

DATA

🌐 www.honeymoon-dessert.com 📧 西貢普通道9及10D號地鋪 📞 2792-4991 🕐 週一～四13:00～凌晨00:00，週五～日13:00～23:30，公眾假期13:00～凌晨00:30 💰 每人均消HK$50以下 ➡️ 參考P.192往西貢碼頭的公共小巴總站，穿過旁邊的沙咀遊樂場到達萬年街，沿萬年街往海的反方向走，步行至普通道左轉，程約5分鐘即可抵達

這個連鎖品牌有多馳名，相信在去過香港的朋友口中也略有聽聞，憑著使用新鮮水果製作創意甜品而廣為人熟悉，除了香港，在全亞洲就擁有超過300間分店，遍及中國內地、新加坡和印度，稱得上是國際知名。雖然每間分店的甜品都是由工廠每日新鮮直送，但我總覺得在西貢總店吃會更有滋味；我最喜歡吃用芒果、柚子果肉和西米露搭配製作的楊枝甘露，同樣受歡迎的甜品還有白雪黑珍珠、榴槤忘返(加紫米或紅豆的西米露)，和榴槤、芒果班戟(薄煎餅包水果)等。

1 不管分店再多，總店內依然是人潮不斷 **2** 左：白雪黑珍珠，右：楊枝甘露，中：抹茶彩虹(抹茶冰淇淋+各色水果) **3** 很受歡迎的榴槤班戟

195

南丫島

　　香港的第三大島嶼，面積僅次於香港島和大嶼山，雖然比另一離島長洲為大，但島上居民卻少很多，所以顯得格外寧靜舒適，可能因為如此，漸漸吸引不少外籍人士前來觀光及居住，令這個海島成為中西文化融合的地方。島上有2個主要碼頭，分別在榕樹灣和索罟灣，一般旅客都會選擇較熱鬧和商店集中的榕樹灣上岸；在2個港灣之間，有一段叫家樂徑的山路步道連接，約長5公里，步行需時約1小時20分鐘，不愛走山路的旅客都會選擇原路折返，但這條路徑並不算崎嶇，適合不常運動的都市人，沿途還可以飽覽四周的自然風光。經過島上多個景點後，就會到達有「海鮮街」之稱的索罟灣第一街，整條街開滿了大大小小的海鮮餐館，我最喜歡到天虹海鮮酒家享用海鮮大餐，坐在臨海的位置欣賞日落美景，細看海灣內的養魚場，這裡有著簡樸的漁村氣息，和榕樹灣是2種截然不同的感覺。

DATA

http hkkf.com.hk 從「官網→航班資訊」查詢班次時刻 $ 1.榕樹灣路線：大人平日HK$22.1，週日、假日HK$30.8；小孩和老人平日HK$11，週日、假日HK$15.4，3歲以下免費 2.索罟灣路線：大人平日HK$27.5，週日、假日HK$38.7；小孩和老人平日HK$13.7，週日、假日HK$19.7，3歲以下免費 ➡ 從中環4號碼頭，乘渡輪至南丫島的榕樹灣、索罟灣，船程約30～40分鐘可抵達

南丫島遊覽建議

　　假如想遊遍整個南丫島，我建議從索罟灣(南面)登岸，然後經榕樹灣(北面)離開；索罟灣的渡輪班次較少，最長可能需要輪候2個小時才有船離開，因此去程看好班次前往，就可以放鬆、沒有時間壓力的在南丫島遊覽，之後經由船班較多的榕樹灣碼頭離開。

獨具魅力的精采順遊　西貢、**南丫島**、長洲

南丫島周邊街道圖

石排灣道　香港仔
香港仔、北角村、榕樹灣
鴨脷洲
利南道
鴨脷洲橋道
香港仔、模達灣、索罟灣
↑往香港島方向
南丫島郵政局
榕樹灣碼頭
榕樹灣大街
榕樹灣
南丫風采發電站
南丫警崗
天后廟
建興亞婆豆腐花
南丫島家樂徑
洪聖爺泳灘
索罟灣
索罟灣碼頭
神風洞　天后宮　天虹海鮮酒家
東澳灣
北

1 家樂徑沿途風光　2 異國風情的露天咖啡店　3 榕樹灣內停泊了很多小艇　4 榕樹灣　5 索罟灣　6 洪聖爺泳灘

197

綠色能源發展的里程碑
南丫風采發電站

MAP P.197／上
出碼頭
步行約40分鐘

DATA

📧 南丫島南丫風采發電站 📞 2843-3111(香港電燈有限公司) 🕐 07:00～18:00

➡️ 參考P.196往榕樹灣渡輪碼頭，沿榕樹灣大街前進，於南丫島家樂徑／榕樹灣後街向左轉後繼續前進，至南丫警崗十字路口前，再左轉沿山路靠右直上，全程約40分鐘即可抵達

　　2006年啟用的「南丫風采發電站」，是香港首個具有商業效能的風力發電站，每年為250戶家庭提供一年的用電，足以覆蓋大部分南丫島住戶。在71公尺高的「大風車」底下，顯示了即時的風速及所產生的電能數值，旁邊還有介紹風力發電的好處，以及其他可再生能源的相關資訊，為大家提供戶外學習機會；附近的山丘上建有一個觀景亭，可走到上面坐下休息，順道觀賞香港島南區及南丫島的景色，被綠意包圍之下，令人相當心曠神怡。

1 觀景亭能夠眺望香港仔
2 路牌標示了各景點的方向
3 通往旁邊涼亭的樓梯
4 即時的電能數值顯示
5 發電站內的巨型風車

南丫島的熱鬧中心
榕樹灣大街

遊賞去處

MAP P.197／左上
出碼頭步行約3分鐘

DATA

南丫島榕樹灣大街 11:00～21:00(各店相異) 參考P.196往榕樹灣渡輪碼頭沿路前行，全程約3分鐘即可抵達

榕樹灣大街是島上居民的必經之道，更是南丫島的心臟地帶。街道兩旁有各式店鋪，包括海鮮餐廳、咖啡店、生活雜貨和手工藝品小店等，融合了漁村風情與國際化氣息。旅客可一邊散步欣賞海岸風光，一邊品嘗地道港式海鮮或國際美食，適合全家遊玩或輕鬆度假。

1 海邊的餐廳能夠飽覽港灣風景 2 榕樹灣大街兩旁都有多間酒吧 3 海產伴手禮店「李寶記」 4 度假屋和餐廳一應俱全

清涼消暑知名小吃
建興亞婆豆腐花

特色美食

MAP P.197／中
出碼頭步行約15分鐘

DATA

南丫島榕樹灣大灣肚1號 早上～下午 不固定 每人均消HK$20以下 參考P.196往榕樹灣渡輪碼頭，沿榕樹灣大街前進，於南丫島家樂徑／榕樹灣後街向左轉後繼續前進，全程約15分鐘即可抵達

經營約有40年的豆腐花攤，由一位老婆婆主理，一般都會稱這裡作亞婆豆腐花，位處於榕樹灣和索罟灣之間的步道，鄰近洪聖爺灣泳灘，是不少遊客的必經之處，加上近年在媒體的追捧之下，日漸馳名。這裡供應自製的冷熱豆腐花及豆漿等製品，豆腐花帶有淡淡豆香，配上糖漿卻微妙地帶有點薑味，雖然和兒時記憶的口味有點不同，但還是不錯吃，長途跋涉來到南丫島，不吃一碗冰凍的亞婆豆腐花怎能算來過呢？

獨具魅力的精采順遊

西貢 南丫島 長洲

長洲

位於香港西南面，總面積約2.46平方公里，居民約3萬人，是香港人口最稠密的離島，以往居民多以捕魚維生，直到現在仍可看到港灣內停滿大大小小的漁船，但隨著漁業式微，很多島上居民已轉為發展其他行業。偶爾海風撲面而來，一副簡樸寧靜的小漁村氛圍，因為景色優美，商店及配套設施齊備，加上擁有不少著名的旅遊名勝，如北帝廟、東灣海灘和張保仔洞等，逐漸發展成一個熱門的旅遊景點。

每到假日，長洲街上都會擠滿遊人，一步出碼頭就會看到旁邊有許多度假屋和單車的租賃攤商；島上沒有公共交通工具，一般居民進出都是步行或以單車代步，要是有興趣亦可以租一輛單車，體驗逍遙自在的小島單車之旅。除了走遍島上的大街小巷、遊覽旅遊名勝，亦不要忘記嚐嚐這裡的街頭小吃，還有在「長洲海鮮街」之稱的新興海傍街旁邊，品嘗豐富的海鮮大餐，為長洲之旅劃上完美的句號。

DATA

http://www.sunferry.com.hk 從「官網→航線及收費」查詢班次時刻 大人HK$14.8起、小孩HK$7.4起 從中環5號碼頭乘渡輪至長洲，船程高速船約35～40分鐘、普通船約55～60分鐘可抵達

長洲周邊街道圖

傳統節慶～長洲太平清醮

每年農曆4月初五～初九的傳統節慶,會吸引3～5萬名旅客前來參加,相當的熱鬧。相傳在數百年前,長洲島上爆發瘟疫,居民為求消災解厄,特意在北帝廟中設壇,並奉北帝像到島上各處遊行,此後瘟疫得以解除,而「飄色巡遊」和「搶包山」成為傳統的習俗,所以太平清醮亦有「包山節」之稱。

農曆4月初八(佛誕日)是節慶的高潮所在,從早到晚都有各種精采活動,早上的舞麒麟及功夫表演,中午的「飄色巡遊」注,到午夜12點更會有重頭戲「搶包山」,根據習俗能搶到掛在越高的平安包福氣越大,以往是男生之間的年度比拚,但隨時代演進,已經成為男女均可參加的比賽。

注:「飄色巡遊」的中國民間表演,起源於19世紀末期,清朝政府禁止粵劇演出,於是廣東居民就用戲曲裡的人物遊行但不唱戲,演變至今,成為長洲太平清醮的重點表演項目,由小孩扮演歷史、虛構、新聞和政治等知名人物,被支架撐著,在大街上遊行的活動。

獨具魅力的精采順遊　西貢　南丫島　長洲

1 長洲到處可見的特大魚蛋 2 由日本人開設的故鄉茶寮 3 新興海傍街的吃海鮮店鋪 4 販售海產乾貨的攤販 5 乘船途中,可好好享受海風 6 長洲的日落美景

201

2天1夜海島長灘度假
東灣及觀音灣泳灘

MAP P.200／中
出碼頭
步行約3分鐘

DATA

長洲東灣泳灘　24小時　參考P.200從長洲渡輪碼頭，於新興海傍街右轉，到達東灣路左轉直走，全程約3分鐘即可抵達

　　長洲島上的2個主要泳灘，每到夏天都會吸引大批旅客前來暢泳及玩水上活動，不少人為了方便，也會住在沙灘附近的酒店或旅館，作為2天1夜的小旅行。在東灣的左邊位置，會看到一排度假屋，那就是以怪事頻生而聞名的東堤小築，房價亦會比較經濟實惠；沿東灣右邊的小路步行就會到達觀音灣，此處是香港首位奧運金牌得主兼滑浪風帆好手李麗珊的練習場，自她成名以後，亦成為長洲一個熱門旅遊景點。

1 販售沙灘用品的雜貨店　2 東灣海灘　3 很多遊人到來享受陽光與沙灘　4 往觀音灣的小路

發揚本地手作創意
賣藝

MAP P.200／中
出碼頭
步行約3分鐘

DATA
http www.instagram.com/myarts.shop ✉ 長洲東灣路1號 ☎ 2332-9985 ⏰ 11:00～18:00 休 不定休 ➡ 參考P.200往長洲渡輪碼頭，於新興海傍街右轉，到達東灣路左轉直走，全程約3分鐘即可抵達

數年前長洲吹起一股手作旋風，全因一個名為「長洲賣藝」的假日市集，這個市集匯聚了20多位熱愛手作工藝的本地創作人到來擺設地攤，成功吸引不少遊客專程到長洲朝聖；市集結束之後，原來的2位發起人決心把這股手作熱潮延續下去，特別開設了一間實體店，為本地創作人提供一個與大眾分享作品的平台。店內販售來自不同創作者親手製作的心血結晶，有手製皮革、飾物、護膚品、布袋、樂器等等，每樣都非常有個性，店主還特別從世界各地蒐羅特色的創意工藝品，不僅使商品更多元化，同時亦貫徹了「賣藝」的創店精神。

1 黃色外觀的賣藝店舖　2 4 店內寄賣的精品　3 各種不同手工藝創作者寄賣的商品

馳名芒果糯米糍
允升甜品

MAP P.200／上
出碼頭
步行約4分鐘

DATA
✉ 長洲新興街3號 ☎ 2981-5032 ⏰ 週一、三～日 12:00～22:00 休 週二 💲 每人均消HK$50以下 ➡ 參考P.200往長洲渡輪碼頭，往右前方的東灣路前行，於新興街左轉直走，全程約4分鐘即可抵達

1 3 芒果糯米糍，有滿滿的芒果果肉　2 楊枝甘露

來到長洲，一定要試試這裡的甜品名物「芒果糯米糍」(麻吉)，島上很多間甜品店都有供應，當中我比較推薦很多人慕名拜訪的允升甜品。這家所製作的芒果糯米糍用料實在，每顆晶瑩的糯米粉團，中間都會包有一大片芒果果肉，皮薄Q彈、果肉香甜，深受愛吃芒果的朋友喜愛，另外還有一款較重口味的榴槤糯米糍，同樣長期熱賣，此外還有多款中西式的甜品可供選擇；順帶一提，在同一條路上的78號鋪也屬他們的分店，假如總店爆滿也可以去那邊看看。

獨具魅力的精采順遊　西貢　南丫島　長洲

搭地鐵玩遍
香港

Hong K

圖片提供／香港文華東方酒店

推薦旅館住宿

香港這個國際大都會，人口稠密，酒店住宿的價格亦較其他城市為高，所以要挑選一間適合自己的住宿是每位旅客必然要考慮的。要從眾多酒店當中，找出地理位置優越、價格合理而又舒適的，其實不太容易，本書特別分類出幾種類型的住宿，好讓大家能簡單入門、輕鬆出發！

圖片提供／尖沙咀凱悅酒店

圖片提供／香港W酒店

圖片提供／迪士尼好萊塢酒店

國際品牌飯店	206
時尚商務飯店	208

圖片提供／馬哥孛羅香港酒店

國際品牌飯店

相信每一位喜歡旅遊的人，都必定懂得享受生活，若想在旅程中舒適地享受一下，或是慶祝生辰、紀念日等，選擇國際知名的連鎖飯店絕對合適！每間都擁有高尚、典雅的格調，具品質的服務和高級的配套設施，無不令人深深愛上，一試難忘！

圖片提供／香港文華東方酒店

九龍尖沙咀　MAP P.47／D2

尖沙咀凱悅酒店
Hyatt Regency Hong Kong, Tsim Sha Tsui

DATA

hongkong.tsimshatsui.hyatt.com（多國語言）香港九龍尖沙咀河內道18號3樓 2311-1234 HK$1,950起 從港鐵尖沙咀站N4出口即可抵達

坐落在著名的K11商場樓上，位處於繁華的尖沙咀商圈，商場底層連接港鐵尖沙咀站，交通非常便捷；大部分客房都可以清楚欣賞到維多利亞港兩岸的景色，所有房間都配備了符合五星級酒店的國際標準設施，客人更可以使用游泳池和健身中心，並且設有一個空中花園，為房客提供遠離城市繁囂、最好的休息空間。

圖片提供／尖沙咀凱悅酒店

九龍尖沙咀　MAP P.57／中

香港W酒店
W Hong Kong

DATA

www.w-hongkong.com（多國語言）香港尖沙咀柯士甸道西1號 3717-2222 HK$3,000起 從港鐵九龍站C1、C2出口，有通道連接至圓方(P.59)，按商場標示步行約3分鐘即可抵達

位於尖沙咀附近，是一間受旅客歡迎的酒店，距離市中心不遠並且靠近機場快線，前往機場只需30分鐘。酒店擁有393間客房，享有無敵美景，所有房間都配備了現代化的設施，另外酒店內設有室外游泳池、按摩、水療、健身中心，以及廣泛的娛樂設施，還有一些令人樂而忘返的餐廳及酒吧，都是香港W酒店優勝的地方，是高品質的最佳選擇。

圖片提供／香港W酒店

香港中環　MAP P.117／C3

香港文華東方酒店
Mandarin Oriental, Hong Kong

DATA

www.mandarinoriental.com.hk（多國語言）
香港中環干諾道中5號　2522-0111　HK$4,320起　從港鐵中環站K出口，右轉往後方前行約1分鐘即可抵達

　　最早在1963年開幕，近年重新設計裝潢，擁有現代化的設備，更寬敞的住宿環境，不變的是保留著和以往一樣的優越服務。在維多利亞港的海灣邊上，樓高25層、有501間客房，客人可以透過酒店內的裝飾，看到香港的輝煌過去，酒店擁有不少的名人愛好者，例如林志玲、劉玉玲、Morgan Freeman、Cecilia Bartoli和張曼玉等，有的喜歡米其林星級廚師所製作的精美菜肴，有的喜歡酒店的各項設施，在這裡每位客人都可以找到各自喜歡的理由。

圖片提供／香港文華東方酒店

九龍尖沙咀　MAP P.47／B3

馬哥孛羅香港酒店
Marco Polo HongKong Hotel

DATA

www.marcopolohotels.com　香港九龍尖沙咀海港城廣東道3號　2113-0088　HK$2,950起　從港鐵尖沙咀站A1出口，沿海防道直走，於廣東道左轉前行，全程約8分鐘即可抵達

　　位在有著優越地理位置的尖沙咀，毗鄰天星小輪碼頭，與海港城購物中心相連接，為客人提供了一個購物、飲食和娛樂的理想場所。整間酒店以古典風格作為裝飾主軸，有665間寬敞的客房，每個房間都有免費的Wi-Fi可使用，以清晰地欣賞維多利亞港夜景的港景房最受歡迎；其他設施包括：商務中心、游泳池、大宴會廳、健身房和3間知名的餐廳及酒吧，酒店內的每個細節都會令客人感到賓至如歸，可以在旅途中放鬆舒適的休息。

圖片提供／馬哥孛羅香港酒店

推薦旅館住宿　國際品牌飯店　時尚商務飯店

時尚商務飯店

想節省住宿費，又不想住得太隨便，中檔次的時尚商務飯店是不錯的選擇，這類飯店勝在設計流行，而且格調十足，基本的住宿配套都一應俱全，加上價格合理，適合預算不高而又有一點要求的年輕一代選擇！

圖片提供／帝樂文娜公館

香港上環　MAP P.109／A1

宜必思香港中上環酒店
Ibis Hong Kong Central & Sheung Wan Hotel

DATA

www.ibis.com(多國語言) 香港上環德輔道西28號 2252-2929 HK$680起 從港鐵上環站A2出口，右轉沿永樂街前行，經過上環熟食中心後繼續前行，於德輔道西左轉直走，全程約12分鐘即可抵達

雅高酒店集團在全球擁有超過4,000家旅館，宜必思(Ibis)就是其中一個酒店品牌，在2012年開幕的宜必思香港中上環酒店，正好展示了該品牌價廉物美的一面。位於繁華的上環區，步行到港鐵站、港澳碼頭、機場快線及中環的商業購物區，都只需要7～10分鐘，相當方便，酒店的550間客房配有免費Wi-Fi和現代化設施，質素和配套是其他同等級酒店無可媲美的，部分高樓層客房更可享有極致的維多利亞港景觀，以三星酒店的價格來說，絕對是物超所值。

圖片提供／宜必思香港中上環酒店

九龍尖沙咀　MAP P.47／D1

帝樂文娜公館酒店
The Luxe Manor

DATA

www.theluxemanor.com(中、英、日、韓) 香港九龍尖沙咀金巴利道39號 3763-8880 HK$1,220起 從港鐵尖沙咀站B1出口右轉，沿彌敦道前行至金巴利道右轉，靠左沿路前行，全程約走5分鐘即可抵達

位於尖沙咀娛樂購物區的心臟地帶，步行到港鐵站只有幾分鐘的時間，是一家便利的住宿，獲商務旅客及遊客的一致好評。酒店內的所有房間都設有免費Wi-Fi，並配備有handy旅遊手機，可以使用免費本地及國際電話通話、3G流動數據及Wi-Fi共享功能等，為客人提供最大的舒適和便利；酒店裡另有健身中心、餐廳和酒吧等設施，都能滿足客人所需，整體來說，是一個相當物超所值的住宿選擇。

圖片提供／帝樂文娜公館酒店